聖母文庫

知解を求める信仰

現代キリスト教入門

K.リーゼンフーバー

聖母の騎士社

本書は、月刊『カトリック生活』の二〇〇一年四月号から二〇〇三年三月号までの二十四回にわたる連載に加筆して発行された『知解を求める信仰』（ドン・ボスコ社、二〇〇四年六月）を復刊したものである。

序

「知解を求める信仰」とは、アウグスティヌス（三五四～四三〇年）とトマス・アクィナス（一二二四／二五～一二七四年）と並んで古代・中世西方教会の三大思想家の一人と呼ばれるカンタベリーのアンセルムス（一〇三三／三四～一一〇九年）がモットーにしていたことばです。

このモットーは、まず信仰によって受け入れた命題を出発点とし、この信じられた真理を聖書や伝統の権威によらずに「ただ理性のみによって」、「必然的根拠にもとづいて」証明しようとする、彼の神学の方法を表現しています。

本書では、このことばは信仰理解を求める努力という広い意味で使われます。

目次

はじめに

本書の目的は、信じることと生きることを関連づけて、信仰と生活のつながりを理解しようとすることにある。人生の意義への問いが、まさに自分が生きること自体から生じるので、その答えを見つけようとするとき、人間は人生の根源たるものを信じうるのかという問題に直面する。こうして信仰への問いかけが生きることから湧き上がるから、逆にすでに信仰をもつ場合にも、信じる心は生活の只中で信仰の中心を成す神秘に出会いたいと願う。そこで人間は、信仰内容の意義を問う一方、それを生活のなかで実現することをも目指すのである。このように、生きることと信じることは、意義を求め理解しようとする意図のうちに交差する。つまり人生を真実に受け止めようとするとき、信仰への展望が開かれるとともに、信じる努力が人生を意義づけることになる。

本書では、このような生活と信仰の相互関係をふまえ、生きることのさまざまな側面を考察することで、人生そのものに潜む根本問題を解明し、信仰が人生の隠れた真理であることを発見しようと試みた。信仰の諸命題のうちに、人間存在を根拠づける力が含まれていると思われるからである。こうして、人間の意義あるいは使命と信仰の真理の間で対話が行われるならば、一方が他方を照らすことによって、信仰と生活が一つに溶け合う道が示されよう。それゆえ、本書の導きの糸となっているのは、人生を究極的な意義にむかって開こうとする関心と、信仰を理解しその意義を生活に生かそうとする意欲なのである。

ところで、生活と信仰の関係が、人間と、人間を超えた存在との関係にほかならないことに鑑《かんが》みるとき、両者を媒介する役割を理性に求めることは冒険のようにも思われよう。人間の一能力である理性には、人生と同様に当然に限界があるので、理性がはたして人間を超えた意義と存在、つまり信仰の次元への見通しを開くことができるのか、という疑問が生じるからである。しかし、理性は真理を問うその能力によって表面的な日常的認識を突破し、人生の根本と目標を理解しようとしてやまない。しかもこの根本的な次元を探求するにあたって、理性は自らの自然な力だけに頼らず、道標《みちしるべ》となることばを探し求め、それに沿って真理を見極めようとする。つまり理性はそれ自体で完結した思考力ではなく、真理のことばへの傾聴をとおしてその根源的な理解力において目覚めるのである。このような意味で本書で引用された聖書のことばは、理性による考察を助ける手がかりになっている。歴史をとおして伝わるこの力強い呼びかけに直面して、理性は人間という未知の存在の意義をいくらかでも洞察できるようになるであろう。

聖書のうちに結実した信仰のことばが心に響くと、人間は本来の自己を自覚し始める。そして、このことばが人間の只中で生きた意義へと変わるとき、信仰は人生全体を貫いてその基盤となる。しかし、ことばがその力を発揮できるには、ことばが理解されなければならない。すなわち、信仰のことばは、まさに真なるものとして呼びかけとなり信仰を引き起こす以上、理解可能な意義をもったものとして顕わになっているはずであり、それゆえに人間に理解の努力をうながすのである。人間は、理解された内容だけを愛し、そのようなものだけを心から生きることができる。理解を求める心と理性が相携えるとき、ことばの伝える呼びかけと、自分自身をめぐる人間の問いがからみ合い、人間は人生の方向づけを再検討すると同時に、自分のうちに具わる根源的な真理に照らされて信仰の内容をまさに自分自身の真理として知ることになるであろう。こうして人間は、単にことばを信じるだけでもなければ、自らの理性のみを当てにするのでもなく、理性的問いと信仰のことばを結びつけることができる。そのとき人間は信仰を人生の意義として把握し、真理そのものに根づいて自由な自己となる。「真理はあなたたちを自由にする」（ヨハネ8・32）。

本書の全二十四章は一つの一貫したあゆみとなり、キリスト教信仰の基本的な諸真理の理解を助けるとともに、信仰にもとづいた自己理解に対して、生活におけるその実践への道を開こうとする。また、本書はもともと月刊『カトリック生活』（ドン・ボスコ社）に毎月一つのテーマを決めて連載したものをまとめた本なので、各章は各々完結している。そのため、個々人の関心に応じてどのテーマからでも自由に読み始めることも可能である。

単行本化するにあたって、文章をわかりやすくするべく惜しみなく尽力をしてくださった服部美樹さんに心から感謝したい。また、美しいカバー画を描いてくださった芝章一氏、雑誌での連載から出版にいたるまで理解と忍耐をもって支えてくださった編集者の宇山理香さん、さらに、本書の出版を可能にしてくださったドン・ボスコ社の方々に、記して厚く御礼申し上げたい。

読者が本書のページをめくって、人生の深みと存在の充満を新たに発見してくださるならば、著者にとって、それにまさる喜びはない。

二〇〇四年六月一日

著者

改訂版刊行にあたって

本書は、毎日をありがたい贈り物として受け入れ、かつ重大な課題として発見する道を開くことによって、日常性と超越を絡み合わせるものとして書かれている。この趣意に支えられて、各章の著述はもともと社会人向けのキリスト教入門講座から生まれ、信仰の基本的な諸テーマを、人間にとってその本来的な意義に関して理解しようとしている。信仰は、聖書の言葉と理性の洞察が照らし合うところにその力を現わすと思われるからである。

この書が当初刊行された際、多くの方が協力してくださったことに深く感謝している。また、当改訂版が出版に至ったのは、聖母の騎士社のご親切による。ここに心より御礼申し上げたい。

読者にとって、人生の道の探求に際して、本書が一助となれば幸甚である。

二〇一六年二月十一日

著者

1　人生の道を問う

さまざまな世界観が林立する現代において、信仰はもはや社会的な同意のもとに成立しているわけではなく、絶えず疑問にふされ、悩みの種となることもあれば、また努力の的となることもあろう。たしかに信仰は信じる者のうちでは確信となっている。しかし、疑問にさまよう場合だけではなく、信仰を今まで以上に深く受け止めようとするときにこそ、理性を用いて人生の意味を問い直し、世界を超える何ものか（超越、存在そのものである神）との関係の理解に励むことは、自らの生活に新しい窓を開くような有意義な課題であろう。

多様な宗教を目の当たりにすると、とまどいが生じることもある。だが、いかなる時代や文化にも、またいかなる社会的状況でも、宗教はなんらかのかたちで姿を現す。このこと自体、宗教そのものが人間の本質にもとづいているということを示している。歴史的に見れば、人類の知恵や芸術なども宗教的な伝統を背景としており、倫理観や社会の制度も宗教の影響を免れがたい。なるほど、宗教批判も度々あったが、その多くは——旧約の預言者の唱える、神殿での形式的な礼拝に対する非難のように——宗教心を純化する契機となった。

宗教は、単なる文化的な遺産であるにとどまらず、身近なかたちで現実に対する日常的な態度を養っている。たとえば、「ありがとう」、「いただきます」といった表現は、対人関係を円滑にする役割を果たすだけではなく、恵みの受け入れ、恵みへの感謝ともなっている。さらに、信頼・感謝・希望のような最も人間らしい態度も、根本的には事物との関係だけでは意味がなく、超越に対するある種の尊敬と信頼にもとづいて、はじめて意味をもつ。このように、宗教性は人間にとって実は本質的であるが、それでも通常は忘れられ平板化されがちである。そこで宗教が人生の基盤となり困難を克服する力となるように、それを常に新たに学び直す必要があろう。つまり、動物とは異なり、人間は自分にとって本質的なさまざまな能力を、他者の助力を受け入れつつ学び取る必要がある。たとえば、論理的に考えること、考えをことばで伝えること、あるいは正しい人間関係を育てることなどは、人格の発展に不可欠であるにもかかわらず、人間に生まれつき備わっているわけではない。長い訓練、いや、一生にわたって知識を広げ深める努力をとおして、はじめて獲得されうる能力である。同様に、人間は自らの宗教性を、伝統にならいながら発展させるほかない。信仰は、人生の本質的な意義を把握する態度であり、この意味で人格を形成するために必須である。そして、そうであるからこそ、信仰は鍛錬と認識によって、自分のものとなり実現可能となるのである。

だが、宗教は、特殊な才能を必要としてもいなければ、生活を営む上での必要不可欠な条件でもない。宗教はそのような才能や便宜というよりも、むしろ、人間そのものの特徴をなす自己意識に不可分的に結合しているものである。すなわち、動物は——たとえば蜂は蜜のあるところに飛んでいくように——本能的に個と種の保存に必要なものと結びついている。動物は己《おのれ》自身に立ち返り自己を意識することはできないからである。それに対して、人間は理性の働きをとおしてさまざまな本能がもつ特殊な目標を普遍的な視野のもとで包括し、そうした諸目標が必ずしも絶対的ではなく、相対的にすぎないことを見極めることができる。そこで人間は諸欲求に拘束されずに自己を知り、また、自分の必要とするところを超えて、現実全体に向かい、真理自体と善そのものを問うことができるようになる。人間のこのような普遍的な開きにおいては、いかにささやかなものでも、それが善きものでありなんらかの意義をもつかぎり、選択の対象になりうるし、他方、それが有限的であるかぎり、わたしたちはそれを自由に放棄することもできる。そこで自由な人間は各々の行為が何のためになされるかを問うのであるが、その各行為が人生全体を形成する以上、人生そのものの意義を問題にせざるをえない。

自分の存在は必然的ではないことが、人間にはわかる。そこで人は、自分という実に不可解なものが、はたして何者なのか、自分が存在してよいのか、人生には意義や目標または未来があるのか、というような根源的な問いを発する。その問いのもとには、現実や存在そのものへの問いが潜んでいる。つまり、存在そのものが意義あるものでないとすれば、人生には何の善さもありえず、あらゆる事柄に根拠と目標が存在しなければ、人生の基盤と方向づけも空しくなるからである。

　このように人間が自分自身の存在を真剣に思いめぐらすなら、人間は根本的に問う者となり、あらゆる暫定的で条件つきの答えを乗り越えて、無条件で無制限な存在や不変の意義を求めていく。無制約的な真理と充実した善を目指し、またそれらを目指そうとする志向性に立脚して、人間は本来の自己自身を理解し、人の尊厳を肯定するとともに真理を探り、価値の実現に力を尽くすようになる。

　人間の自己把握と自己肯定は、このように無制約的な存在それ自体に対応し、その理解にもとづいている。つまり人間が第一の存在の反映や「似姿」（創世記1・27参照）であることが理解されるとき、自己意識に含まれる自分への関心は、現実全体の根源への問い、第一の存在への問い、つまり宗教の問いへと展開し深まっていく。たしかに「存在は、はるかに遠くその深い深いところを誰が見出せようか」（コヘレトの言葉7・24）、また「いまだかつて、神を見た者はいない」（ヨハネ1・18）と言われるように、人間の認識には限界があろうが、それにしても、人間にとっては自分自身こそ、解き明かさねばならない課題なのである。また心が、真理、存在、善さに渇いている以上、人間は、それらの源である

「神」と呼べる第一のものへの問いをなおざりにしておくわけにはいかない。

無限なものが表象において把握可能になることはないであろう。しかし人間存在にはこの第一のものへの傾向が内在し、そこには、輪郭的にすぎないにしても、超越的存在が人間存在の根拠およびその目標というかたちで指し示されている。ゆらぎやすい人間に安定が与えられるとするならそれは、変わらない平安へと招く真なるものが存在することを前提にしている。また、心の自由は限りなく広くて充満した意味のうちに根づいている。あるいは将来への不安にさいなまれていても、希望が湧き上がってくるなかで、隠れていても真なる導きが近くにあることが気づかれないまま経験されているのである。さらに人間どうしの心と心の一致、和解やおしみない心遣いのなかには、最も純粋な慈しみが人間に先立つ根本的な存在からあふれ出ており、それがやすらぎの芯となっているのではないか。これらの経験から汲み取れるのは、有限的な人間の基盤と尺度は、有限的でない完全な存在にある、ということである。

このような経験を経るとき、人間はもはや自分の立場から事実を主観的に解釈するのではなく、むしろ逆に根源的な何か、聖書の言う「近寄りがたい光の中に住まわれる方」（一テモテ6・16）から問いかけられていると感じるようになるであろう。この「だれ一人見たことがなく、見ることのできない方」（同）はすでに人と関わっており、その静かな現存と力強い助けを信頼のうちに受け入れるように招いている。人生の底流では、このように人間から問い、ひるがえって人間が問われているような対話が常に行われている。つまり人間にいのちが与えられているのは「神を求めるためであり、探し求めさえすれば、神を見出すことができる」（使徒言行録17・27参照）からである。

2　語りかけに傾聴する

人間は自分の課題を思いめぐらすとき、自己を他のものから区別し、自らが自分の思いと行動を支配できる自立した主体であることを知る。この自由な自立にもとづいて、一人ひとりにかけがえのない尊厳と責任が具わっており、あらゆる行為において、意志はなんらかの目的や意義を追求する。しかしながら、こうした人間の主体性は自己完結的、自己充足的では決してなく、その実質ないし内容を常に他なるものとしての外から受け取るのである。まず、いのちそのものから始まり、空気や食べ物、さらに美醜などの感覚的な印象は言うに及ばず、文化や知識までも、人間は自分を造り上げるすべてを他のものに負うている。「いったいあなたの持っているもので、いただかなかったものがあるでしょうか」（一コ

リント４・７)。この受容性は身体的、感覚的な次元にとどまらず、人間の精神にまで及んでいる。わたしたちが真理を認識するとき、真理は理性によって発見されているのであり、理性の能力が真理を構成するわけではない。同様に、意志は意義を追求し実現していくのであって、意義が人間の意志や要求にもとづいているわけではない。

　自由な主体性としてさえ、個人が「他」との関係においてはじめて成立するという事態は、人間が名前をもつということに典型的に現れている。というのも、名前は各人を個人として名指しするとともに、人は他者によって命名されるからである。しかも、名前が呼ばれるとき、人間は物理的に動かされるのではなく、名の固有性ゆえに自由で自立的な存在として、自己のうちに呼び起こされるからである。こうした呼びかけのもとで、自己意識がはじめてはっきりと生まれると同時に、人間は名前を呼んでくれた他者に向かって開かれる。そして、呼びかけられて他者に気づくとき、自己意識は自分自身への思いにとらわれていないので、未定のまま他者に開かれ、語りかけに応える力を獲得するのである。

　だが、この呼びかけに覚醒された人間は、個々の具体的なものにだけではなく、より根本的には、現実や存在そのものにも目覚め、その真理を問い、それとともに純粋な善を期待している。そこで呼びかけの第一の起源が、単なる偶然で個別的な状況にではなく、真であり善である根源的な存在にあることが明らかとなる。すなわち、存在そのものが、あらゆる状況のなかでその真理を現し、その善性でもって各々の状況が有する具体的な可能性を意義豊かなものにする。こうして人間はさまざまな出来事をとおして、根源的にはいつも同じ一つの呼びかけに向かっている。そこで人生の根源を思慮深く探るなら、この呼びかけを識別できる程度に応じて、自らの唯一で同一的な自己を見出すのである。そのとき、呼びかけの魅力と無条件性に突き動かされ、呼びかけが自分の最も深い内面と合致することを理解し、その根源である神を心から肯定し神に惹《ひ》きつけられるようになる。

　この存在の呼びかけに促されて人間の意識は自らを超え出、存在に向かうことを通じてより豊かに自分自身へと還帰する。このように人間は自らを超え出ることによって自らを獲得する、つまり「自らへと関係する関係である」（キルケゴール、一八一三～一八五五年）。人間の意識は他の事物とは異なり、外へと自らを開き、超越を志向している。その意味で人間を、たとえば「理性をもった動物」と定義するように人間に備わる諸要素だけからとらえてしまい、超越を志向するというダイナミックな動きを見落とすならば、そのような理解は不十分である。こうして、人間を全体的に理解するためには、人間が本質的にそれと関わり、しかも人間の目標であり根源でもある存在との関係を、人間理解の中心に位置づける必要があると思われる。

聖書ではこのように、人間は常に超越と関係しつつ生きるものとしてとらえられている一方、超越者もまた、人間と無関係ではなく、人間への慈しみ深い関わりにおいて理解されている。特に旧約聖書中で選ばれた人々に対し、神は目に見えないかたちで現れている。つまり彼らは、神の声に傾聴しているのであり、このことは人間が本質的に超越に聴く者であることを示している。なぜなら、「見る」という主体から出発する把握よりも、「聴く」という他者に重点を置く態度のほうが、超越と出会う人間によりふさわしいイメージだからである。

超越からの呼びかけは、具体的な状況に含まれている場合もあれば、思いがけない介入として歴史を新たに方向づける場合もある。いずれの場合にも、その人に人間の本来的な存在意義をもたらす。それゆえに、具体的で一回限りのそのような出来事は、日常生活の雑音にまぎれて聴こえにくくなっている根本的な語りかけを浮き彫りにするような、人生にとって決定的な出来事なのである。

そこで人間は、「まだ主を知らず」(サムエル記上3・7)、自分の名前を繰り返し呼んでいる方を見極めようとした少年サムエルのように、本来の自己を呼び覚ます存在を探し求めるようになる。あるいはアダムのように「み顔を避けて、園の木の間に隠れる」とき、「どこにいるのか」(創世記3・8〜9)と呼びかけられている自分が、真理の前に裸であることに気づかされる。また「何者かが夜明けまでヤコブと格闘して」、「これからはイスラエルと呼ばれる」(創世記32・25、29)と言われるように、人生に恵みを願う祈りのなかで闘うことで、新しい真なる自己を築き上げることもあろう。

言うならば人間は、超越との関わりにおいて、なんらかの具体的な課題を与えられる以前に、「名前」を授けられている。このことによって、人間は超越が自分と関係をもとうとし、また自分が個人として知られ肯定されていることがわかる。「イスラエルよ、あなたを造られた主は今、こう言われる。〈恐れるな……わたしはあなたの名を呼ぶ。……わたしの目にあなたは価高く、貴く、わたしはあなたを愛する〉」。超越からの関わりのもとで孤独感は消え去り、「わたしはあなたと共にいる」（イザヤ43・1～5）という励ましは未来への希望を根拠づける。

しかし呼びかけるのは、人間の能力でははかりがたい超越そのものである。そこで、その呼びかけに従おうとするとき、人間は自分の思いを超え出て予想だにしなかった道に歩み出ることがある。「主はアブラムに言われた。〈あなたは……父の家を離れて、わたしが示す地に行きなさい〉」（創世記12・1）。呼びかけによってその都度示されるこの道の途上で、人間は新たな信頼でもって挫折を克服し、神自身を知るようになり、「耳を傾け……声が聞こえると大いに喜ぶ」（ヨハネ3・29）。このように人間は、常に道の途上にありながら、「神の口から出る一つ一つの言葉で生き」（マタイ4・4）、それを住まいとすることで、希望をもって歩み続ける。人生が超越の密やかな声に導かれていると信じ、その声をよすがに生きようとする者は、アブラハムのように、多くの人にとって「祝福の源となる」（創世記12・2）ことを約束されるのである。

3　意識――神との出会いの場

人間は名づけようもない何ものかを「神」と呼ぶが、その何ものかは聖書によって、はじめて知られるわけではなく、聖書そのものが述べるように、もともと誰もが知る存在である。「神について知りうる事柄は、彼らに明らかです。神がそれを示された」（ローマ1・19）のである。実際、キリスト以前のギリシア哲学で、世界を超え、それを動かす、完全で唯一の神の存在証明が行われていた。

特別な宗教経験を前提とするわけではないこのような神認識が、「神」と名づけられたものをどのように理解しようとしているかは、人間の認識がどのようなアプローチをとるかによって左右される。そこで一口に「神」と言っても、さまざまな多少異なる神概念が考えられることになる。たとえば絶対的存在、単純な一者、第一の真理、最高の善などというように。このようなさまざまな言い方にもかかわらず、神が唯一で最高の存在として言い表されている点は共通している。言い換えれば、無制約性、無限性、世界を根拠づけ超越するといった共通の特徴が見受けられる。だが、名づけがたいこの存在が単なる運命や法則ではなく、人間へと関わってくださる、認識と意識をもった「誰か」として発見され信じられるときにはじめて、神と人間との相互関係が開かれるのである。

人間は感情、思考、良心などのさまざまな意識の働きのうちで、無限で無制約的な次元と常に関わっていると思われる。そして無限とのこのような関わりに気づき、この関わりを肯定することは、人間にのみ可能である。なるほど、このような根本的な気づきのみならず、それに先立ち、底知れぬ悲しみ、心労、痛み、あるいは想像を絶する孤独、殺伐とした虚無を感じることができるのも、人間だけであろう。こうした感情は、自分が不完全な状態にあると感じること、つまり欠如感である。この感情は自分が求めるものが不在であるがゆえに生じる。したがって、欠如感あるいは不在感が意味するところは、人間は限界のない充満を望んでいるということである。すなわち、欠如感、不在感というこの消極的な感情、いわば充満の反対像の存在こそは、陰画が陽画の裏返しであるように、充実した無限の存在を前提にしている。「今泣いている人々は、幸いである。あなたがたは笑うようになる」（ルカ6・21）。

このように人間の感情は無制約的なものにもとづいている。しかし感情よりもなお一層、人間の理性的認識は、無制約的なものにもとづいていると言えよう。というのも、あるものや事柄を意識することが「認識」と呼ばれるのは、認識行為において真理が把握されているときだけだからである。実際、わたしたちの意識が何かを認識するとき、真理そのものが根源的な原動力としてすでに働き、はっきりと現存していると思われる。なるほど、たとえば「人は自由をもつ」といった真なる命題をたてて判断をするのは理性であるが、だからといって判断するという意識的行為が真理そのものを産出するわけではない。理性は真理を発見するにすぎない。換言すれば、真理そのものは、理性や判断に先立つ光であり、この光ゆえに認識による洞察は可能となるのであり、また関心が引き起こされる。さらに真理は、問いを自らへと向かわせ、探求を導いている。真理が認識行為に先立つことを次のように証明することもできる。すなわち、「人は自由をもつ」

というような命題を疑う場合、疑いにさらされているのはその内容が真理と合致しているかどうかということである以上、真理がすべてに先立つ基準としてすでに承認されている。

こうしてあらゆる認識活動を促すのは、真理である。そして真理は外から与えられるものではないから、意識の最も内的な根幹からわたしたちの認識行為を促している。したがって思考は、自分が理解している内容を、自己を凌駕《りょうが》し自己に先立つ規範である真理と比較する営みである。またある主張の真偽をめぐる議論に際し、論議が錯綜したり、対立したりするときも、議論に先立って存在する真理の普遍的な光が、議論の土俵をつくっているのである。

このように人は、この根源的な真理に照らされてあらゆるものを認識することができるのである。もっとも、真理そのものは文化や歴史の多様性によっても変わることのない一つの無制約的なものであり、それ自体で成り立っている。イエスがピラトに「真理」を語ったのも、この意味においてである。イエスは自分の存在の起源、自分の指針の中心を指すとき、一なる神という概念をもたないピラトに向かい、直接「神」ということばを用いるのではなく、端的に「真理」ということばを用いて述べている。「わたしは真理について証しをするために生まれ、そのためにこの世に来た。真理に属する人は皆、わたしの声を聞く」（ヨハネ18・37）。

以上のように真理とも言い表される何ものかは、人間の認識活動をかたちづくる。だが、あの無条件的な何かは、人間の認識活動にだけ関わるわけではない。それは人間の良心においても指導的な役割を果たす。実際には人々の判断が必ずしも一致するわけではないが、それは各人の習慣や文化的背景が異なるからであろう。しかし人間が良心に従うとき、そこには、善の無制約性、つまり人間の自由意志を権威をもって義務づける正しさそのものが働いている。「良心に従うべき」という「べし」ないし「当為《とうい》」の呼びかけは、単なる命令ではなく、あらゆる欲望や不安に打ち勝つ力を人間に授けている。もっとも、「当為」それ自体を人間がつくったりあるいは選んだりするわけではないし、人間の都合次第で後回しにしてもかまわない、というものでもない。むしろ「当為」は、それが無制約的なものから発するがゆえに、自分本位な反論を沈黙させ、正当にも人間の全面的で自由な支持を要請している。このように人間の自由意志を自らへと引き寄せ、その従順を要求できるのは、根本において善そのものと一致している絶対的な意志だけである。なぜなら、自然界の事柄が、自然の因果法則に支配されているのに対し、人間の意志は、因果法則を免れ自由であるから自然的な事柄に優位し、自らが因果関係に服さないことを主張することができるからである。

こうして人間は常に自分の意識の根底では、ある生きた絶対的な意志に向かっているのであり、その結果、さまざまな圧力に抗して自由を行使し、正しく善いほうへと導かれることができる。この絶対的な意志は、人間がそれにどのように関わるかとは無関係に、それ自体として成立している。というのも、たとえ人間がその意志に背いたとしても、その意志が要請する義務がなくなったり妥当性を失ったりするわけではないからである。絶対的意志を拒否するとき、ただ人間が自分の意義と尊厳を失うにすぎない。この意志を無視するとき、人はこの意志に自分が対立しているがゆえに、自分を負い目あるものと自覚するからである。聖書も次のように述べている。「律法を持たない……人々は、律法の要求する事柄がその心に記されていることを示しています。彼らの良心もこれを証ししていま す」（ローマ2・14〜15）。

日常生活では、時々の状況のうちで、一般的な倫理的、道徳的義務の履行が要求されるほか、新しい可能性と課題も示されている。そうした新たな課題に挑もうとするとき、自分の知識と能力だけに頼るなら、これまでの手持ちの経験の延長線でしかそれを実現できないであろう。つまり、自分だけに依拠するとき、人間がこれまで以上に発展することは難しい。それに反し、自分の予想と能力ではいかんともしがたい課題こそ、人格を高める契機となる。そのような課題を遂行しようと決断し、そこから開かれる道に自分を賭けるには、勇気と、今ここで自分に与えられる導きに対する信頼とが必要である。この信頼とは、今ここでこの可能性がわたしのために与えられていることを信じることであり、自分をそれに委ねれば見通しがたい将来を恐れる必要がないと信じることである。この信頼のうちで人間は自分の課題を善いものと理解し、それをわがものとする。しかしながら信頼するということは、決して一方的な決心ではなく、むしろ向こう側から自分に与えられる好意を基盤にしてこそ成り立つのである。もっとも、具体的な可能性の受容から始まるこの道には、世界のさまざまな自然的、社会的様相が影響を及ぼす。これらのすべてが一貫して一つの意義を実現し、そればかりかこのわたし個人のために働いてくれていると信頼するときには、次のことも理解されている。それは、世界の根拠がわたしという存在、わたしの置かれた状況を知っており、その善良な自由をもってわたしのために道を整えてくださる、という理解――神経験――である。

現在の状況がどうであれ、未来を拓く約束がそこに潜んでいるという信仰は、人間に最高の力を与え、人生を実り豊かなものにする。そして根源的な存在の呼びかけにもとづくこの信仰こそ、生の充溢《じゅういつ》をもたらすとともに、現実的である。「恐れるな、わたしはあなたの盾である。あなたの受ける報いは非常に大きいであろう」（創世記15・1）。

4　神を語る

世界のうちにあるものを眺め、その起源と中心に思いを馳せるとき、人間は「神」を認め、語るようになる。自然の美しさに目を留めるとき、心はそこに含まれている美そのものの輝きにうたれる。理性は宇宙の驚くべき秩序を探求し、そこに無限の理性の痕跡を発見する。また、すべてのいのちあるものは、その充満を追い求めているが、この追求の過程で、憧れの原動力と目標が完全に善いものにあることに気づくのである。さらに、真理が人間をその内部で照らし、あらゆる考えを導き、善そのものの魅力が人生の努力に意義と方向づけを与えてくれることがわかる。あるいは、喜びが突然悩みの雲を追い払い、心を制限のない肯定へと呼び覚ます瞬間に、人の心は永遠の存在に触れる。こうしたその時々の外

的、内的経験は過ぎ去りゆく。だが、その経験のうちで束の間、顕わになった根本的真理がことばによって把握されるならば、経験をとおして獲得された洞察は、その人を超越へと動かすことができるであろう。

たとえば「神」ということば、あるいはそれに代わるさまざまな神の「名」は、複雑な日常の只中で繰り広げられる思いを人生の中心へとまとめていくことができる。困難に直面したとき人はその名を呼び、助けを願う祈りへと深める。心の根底には「主の名を呼び求める者はだれでも救われる」（ローマ10・13）という約束が響いているからである。大いなるものの存在と本質を凝縮したかたちで思い起こさせる、このような神の「名」は、経験や理解の多様さに応じてさまざまである。

ことばは、感覚をとおして与えられた事実をもとにしてつくられたので、そもそもそれが表すのは、具体的で有限的な意味である。とするなら、あらゆる限界や特殊性を超え、世界とわたしたちの認識能力を凌駕《りょうが》する、超感覚的・超理性的な第一の根源を、それにふさわしいことばで言い表すことは、もともと不可能なのである。「周りに闇を置いて隠れがとし、暗い雨雲、立ちこめる霧を幕屋とする」（詩編18・12）「ご自分を隠される神」（イザヤ45・15）について「あなたはいかなる像も造ってはならない」（出エジプト20・4）という旧約の厳格な掟は、人間がつくったいかなる感覚的形態やイメージからも、また理性的な概念からも神の超越を守ろうとするものである。トマス・アクィナスが強調しているように、絶対的神秘である「神は我々の知性のあらゆる形相を逃れ去っている。……現世においては、神が我々の知性が把握しうるすべてを越えているということを知ることのうちにこそ、我々は神を最も完全に認識し、こうしたかたちで我々は彼にあたかも不可知なもののように結合される」（『命題集註解』Ⅳ、49、2、1、3）。聖書のいう「遠く離れておられるのではなく……我らはその中に生き、動き、存在する」（使徒言行録17・27〜28）「唯一の不死の存在、近寄りがたい光の中に住まわれる方、だれ一人見たことがなく、見ることのできない方」（一テモテ6・16）を軽々しく口にすべきではないから、真なる神学《かみかたり》においては、「把握不可能で言表不可能なあの最高のもの」（神）と被造物とのあいだには、「指摘できる類似よりも指摘すべき非類似のほうが大きい」（第四ラテラノ公会議、一二一五年）ことが常に自覚されている。人間の理性は、自らの限界を謙遜に受け入れてはじめて積極的に神について語ることができるし、真理に対する憧れを成就していただけるようになる。

しかし、神それ自体を積極的に表現しようとすることばには、段階がある。まず、個々のものや出来事を表すごく日常的なことばは、五感の認識作用から形成されており、その意味で感覚の制約を受けている。だが実は、そのようなことばでも、感覚を超えた洞察につながりうる。というのも、人間の理解力は、目や耳という感覚でとらえた事物の表面的な現れを、その純粋で完全な意味へと深めるとともに、言語を駆使して超感覚的な事柄を比喩《ひゆ》（メタファー）的に表現することができるからである。こうした比喩的表現はもちろん日常的にもよく見受けられるし、詩の大切な技法でもあるが、とりわけ旧約聖書では、理性的な概念よりも多用されている。たとえば神を岩、獅子、太陽にたとえたり、神の右の手、顔、目と言う場合、その表現は、読み手に超感覚的意味を喚起させる。感覚の世界は物体の現れであるにとどまらず、純粋な完全性の現れでもある。それは感覚世界が創造する神の顕現の場だからである。

しかし次の、人間理性による自己経験の段階では、感覚の次元を超えた神理解の場が開かれている。すなわち、理性が自己を認識するとき、精神的な純粋完全性――たとえば意識、認識、意志、愛、喜び、徳、平安など――を理解するとともに、それらの源である存在そのものや、存在そのものに伴う真理や善といった純粋な完全性をも理解している。こうした完全性は、何の限界も含まない以上、有限的な次元にとどまらないで、本来最も根源的なもの、つまり神に属している。こうして神は、あらゆる完全性の担い手であり、実現である。純粋な完全性を表現する神の「名」――たとえば知恵と愛をもった精神としての神、真理と善である存在自体としての神――は、神を最も完全な存在、精神的な方として全面的に肯定する道をわたしたちに開く。すなわち、それらの名称は日常的なことばにつきまとうあらゆる有限的内容を退け、神だけを表すことばとなる。その際、存在そのもの、真理、善といった根源を表現することばを、人間の理性は理解する。だが、理性はそれらのことばを理解するだけであり、存在、真理、善そのものを理性がつくったり構成するわけではない。つまりそれらは、精神の根底で、神の潜在的な自己啓示としてわたしたちに知られるのである。神は「すべての人を照らす」「光」(ヨハネ1・9、4)だからである。

さらに、真理、善、存在そのもの、といった根源的な語にもとづいて理性が神を把握したとしても、感覚的に表現された神の名がその重要性を失うわけではない。なぜなら感覚の世界は、行動と出来事が織りなす世界であるが、神と人間の関わりは、聖書が端的に示しているように、歴史に対する神の救済的介入という、わたしたちが感覚的に理解できる物語として、適切に述べられうるからである。感覚的な出来事とその言語的表現をとおして神を経験し理解するとき、神は単なる超越的存在ではなく、見て聴いて近づいてくださる「生ける神」（マタイ16・16）であり、パスカル（一六二三～一六六二年）の言うように「哲学者と学者たちの神ではなく、アブラハム、イサク、ヤコブの神」として自らを現している。つまり、この感覚的世界のなかで、人間は神の啓示的な働きかけにさらされつつ神の助けとゆるしを経験し、神のあわれみを知るようになる。働きかけをとおして、神は変わることのない普遍的本質を超えて「神の内に世の初めから隠されていた秘められた計画」（エフェソ3・9）、すなわち「人の知識をはるかに超えるその愛」（エフェソ3・19）を伝えることができる。

こうして歴史とその物語は、もちろん神を理性的に把握しようとする努力を決して無意味なものにしたりはしないが、単なる理性で把握できる神概念には及びもつかないより深いところにまで、人間が突き進むことを可能にする。歴史的経験から生まれる神の「名」は、神を単に超越的存在として表すものではなく、人間に対する「生ける神」の「関わり方」を表現できる。たとえばイエスが使った「父」という名のように。「父」は、人間がより深く自己を理解できるように手助けし、神に進んで対応する態度――「子」として信頼し「拝みまた仕える」(マタイ4・10)態度――へと人を導く。このとき神と人間の相互接近と親密なふれあいが可能となる。神は「わが神」(マルコ15・34)と呼ばれ、人間は「わたしの子」(黙示録21・7)として迎えられるのである。

5　創造を理解する

人間は、慣れ親しんだ環境で生活しながらも、世界全体に対して開かれている。これは人間の特徴の一つである。人間は、文化的・技術的活動をとおして世界を自分の生きる場とする一方、世界から存在そのものを感じ取り、自分の存在意義を見出そうとしている。しかし世界は一面的ではない。それは驚くべき偉大さを現すと同時に、不可解な事実と偶然に満ち、また矛盾と悪に彩られているという、多面的な様相を呈している。人間はこの多様性に応じて、さまざまなかたちで世界と関わっている。すなわち、世界を聖なる自然として尊んだり、単なる対象や材料として利用したり、あるいは世の苦しみに挫折したりする。さらにまたこの多様性ゆえに、人生を意義深い賜物、あるいは反対に無意味な事実、それどころ

か運命や災いとみなす人もいるであろう。この世界全体は根本的に、はたして何であるのか、世界の多様性のうちで生きざるをえない人間に意味があるのか、人間を含むこの現実全体を支える根拠はいかなるものなのか。こうした避けがたい問いに答える手がかりとなるのが、世界が創造されているという考え方である。

聖書の最初のページは、世界の創造を神の六日間の業《わざ》という神話に近いかたちで物語っている。イメージ〔たとえば一週間の働き〕を駆使するという文学上の技法や、天動説のような、地球を宇宙の中心とみなす具体的な世界像を、ここで言われている内容から区別しないままにこの箇所を読むならば、天地創造は自然科学と相容れないと思われそうである。しかし世界創造という考えは、自然科学的観点からなされる問題提起とは区別された洞察にもとづくのであり、また両者は矛盾もしない。なぜならば、自然科学が、世界がなぜ存在するのかを問わないまま、世界内の事物の変化が従う法則を探究しているのに対し、世界創造という考えは、世界の存在そのものとその秩序の根源を探るという、より根本的な視点に立っているからである。

さらに、人生はただただ苦しくてはかないと苦悩している人にとっても、創造という考えは解決の鍵となる。というのも、「創世記」では創造に続き、生きる苦悩の原因である人間の堕罪が取り上げられているからである。世界や人間の存在、そして堕罪がなければ、苦しみはない。そこでまずはこの世界の成立根拠を問い、世界や人間という有限者の意味を解明することが必要であろう。

創造の物語が伝えようとしているのは、世界が絶対的でもなければ偶然で混沌としているわけでもなく、ましてや善と悪のからみ合いから生じた混合物などではない、という点である。あらゆる有限的な存在は、全体としても個人（物）としても一つの共通の根源を有している。その根源とは、世界に先立ち存在するもの、「ことば」つまり知性と意志をもってすべてを存在せしめ秩序づけている全能の神にほかならない。だが、この世界が神の目から見て「極めて良かった」（創世記1・31）と断言されるとき、世界がすでに完成したと理解するよりも、創造に始まる人類の歴史が完成に向かって歩み出すことができるという積極的な展望が開かれたのだ、と理解すべきであろう。創造に際し、神が呼び声によって事物の存在と活動を根拠づけ、人間を神の似姿（創世記1・26参照）として自らへと向かわせたように、歴史の進展においても同じ呼び声が、それに耳を傾ける人間を導くことが暗示されているのである。また創造に際し、神が働いた、いや、イエスによると、「今もなお働いておられる」(ヨハネ5・17)ように、人間は「一生という六日間」神と協力して創造的に働き、そして「永遠の七日目に」やすらぐように勧められている。

それにしても、「存在していないものを呼び出して存在させる」(ローマ4・17)とあるように、神が材料なくして創造し、かつ被造物を存続させるという意味での創造論は、理性的に考えることに慣れた現代人にとって理解可能であろうか。そこでまず、世界や事物や自分自身が存在するということには、何の必然性もない。あらゆる有限的なものには、存在しない可能性がもともとあるからである。だが、「在る」ものには中身や完全性があって、「無い」ものには中身や完全性がない以上、存在することは存在しないことにまさる。それゆえ、必然的に存在するわけではないもの〔=存在しない可能性もあったもの〕が実際に存在する場合、それを存在するようにし、かつ存在を常に支える根拠が必要である。反対に、もしも根拠がなければ、世界や物事は偶然に在ることになるが、存在という最も根本的な完全性がたまたま成立するとするなら、存在の完全性、あるいはその中身や意義も成り立たない、という矛盾が生じる。したがってあらゆる有限的で可変的なものには、その存在の根拠があるはずである。そして存在なきものに存在を引き起こすこと、つまり存在の譲与は、第一の根拠なしにはありえない。だが、第一の根拠自体が有限的で可変的であるなら、それはもはや第一の根拠とは言えなく、それ自体で根拠を必要とすることになる。したがって、それは、無限で不可変あるいは永遠でなければならない。

さて、無限で欠けることのない存在ないし神は、他のものに依存したりそれを必要としたりすることはないので、神自身には自分以外のものを創造する必要性も必然性も一切ない。それゆえ、もし神が他のものを存在させようとするならば、それは神がそうすることを望むからであり、つまり神の自由意志によるものである。そのものを存在させたいという自由意志だけが、そのものをそれ自体として肯定する、つまり、それに自立と価値を認めることができるのである。「生かすためにこそ神は万物をお造りになった。世にある造られた物は価値がある」（知恵の書1・14）。

創造は自由な行為であるが、気まぐれになされたのではなく、なんらかの目的のもとになされた。しかし、神は存在の充満そのものであり、あらゆる完全性をもっているので、神に何か欠けたものがあるということはありえない。そこで、神自身におけるなんらかの欠如や神の利益が、創造の目的ではない。創造する神の動機は、神自身のためではなく、自分の完全性を他のものに与えること、存在とともに意義と幸福とを被造物に与えることにある。このように、他のものを手段として用いるのではなく、神は他のものに重点を置き、そのものゆえに、またそれ自体として愛する場合にのみ、被造物に自立した存在と完全性を、とりわけ人間に対しては自由と尊厳を授けることができる。「良い贈り物、完全な賜物はみな、上から、光の源である御父から来るのです」（ヤコブ1・17）。

他において完全性を増すという神の意図は、造られて存在するものにその内的な方向づけを与えるので、被造物たる有限者は自分の完成つまり善を目指す。有限者は、単なる自分を超え、唯一の完全な善である神に与《あずか》ろうとしている。このように愛の創造的循環は完結する。すなわち創造に際し、神が自分のためではなく被造物のために発した、自己を顧みることも忘れるほどの愛は、被造物の存在と欲求をとおして再び神に至り、「神の栄光を現す」（一コリント10・31）という被造物の自己超越のうちに完成する。

存在を他のものにも寛大に与える神の創造は、世界のあらゆるものに反映している。はかない小さな花からも美しさそのものが輝き出し、いかなる善きものにおいても善の充満が垣間見られるように、世界内にあるすべてのものは、自らに先立ちかつ自己よりも大きく限界のない完全性を、自らの拠って立つ基盤として現しているのである。「天は神の栄光を物語り大空は神の業《わざ》を示し」（詩編19・2）、「主の栄光は、地をすべて覆う」（イザヤ6・3）。このように有限者は、純粋な完全性に向かって開かれており、またそれを受け入れるという意味で、神の完全性を宿す器である。また人間は、あらゆる被造物をとおして響く神のみ声に応えて、神自身に向かうような存在に形成される。つまり人間は、創造された固有の存在として自立していながらも、全面的に神へと関連づけられている。「わたしたちには、唯一の神、父である神がおられ、万物はこの神から出、わたしたちは神へ帰って行くのです」（一コリント8・6）。神による創造に根拠を有する神と世界のこのような相互的関わりは、最終的に「すべてにおいてすべてを満たす」（エフェソ1・23）「神がすべてにおいてすべてとなられる」（一コリント

15・28）という完成状態を目指しているのである。

創造という隠れた神秘は、もともと人間の心が理解しうるものである。というのは、「明日天気になりますように」と祈っている子どもでも、「天地の主である父」（マタイ11・25）に、「雨を降らせて太陽を昇らせる」（マタイ5・45参照）力と善良さが具わっていることを知っているからである。

6　救いを待ち望む

人生をありのままに受け止め、積極的に生きぬくことは、成熟した人格の特徴であろう。しかし、このように生きようと努めても、順風な充実した経験だけをよりどころにして人生観をつくり上げてしまうなら、現実のはかり知れない深淵を見逃すことにもなりかねない。この深淵を見ないままでいると、うたたね中の夢から呼び覚まされるように、未知の、思いもよらない苦痛や虚無の経験にみまわれ、人生を調和あるものとする捉え方はゆるがされることになるであろう。

苦しい経験が偶然の出来事から生じた場合でも、それは、人間存在が本質的に限界あるものだ、ということを浮き彫りにする。たとえば、身体の苦しみに対しては、痛みを意識しないわけにはいかないので、人間は痛みと「死の恐怖のために一生涯、奴隷の状態に」（ヘブライ2・15）なる。愛する人と別れるとき底知れない孤独感に包まれる。親族との不和は針が突き刺さるようにつらく、侮辱や不正な扱いは生涯癒やされない傷を残す。真剣な努力が不成功に終わり、目標が達成されなかったとき、人生が不当な運命に支配されているように感じられる。時の流れが価値あるすべてのものをのみ込んでしまうことを目の当たりにして、有限的な存在そのもののはかなさを、わたしたちは垣間見る。また、なすべきことがよくわかっているにもかかわらず、そのことに関心を向けることができなかったり、自分自身だけにとらわれ、そばにいる人間に尊敬や愛を振り向けるよりも、不信感がまず湧き上がったりする。その上、自分の過去の失敗や負い目は、暗い影のように意識を曇らせるようになる。

どのようなかたちであれ、人間の基本的な限界に接したとき、人は人生そのものや有限的な存在全体に意義があるのかを問い、あるいは、はたして現実を肯定できるのか、という問いに答える決断を迫られるであろう。このように自らの限界線の上に立たされた人間が、もし自分の理解と自分の力だけを頼りにするならば、痛みや不信感といった消極的な諸側面を人生のなかで位置づけることができず、人生全体を不条理なものとして拒むことにもなりかねない。たとえば、旧約聖書のヨブが自分の運命に抗議し、運命の与え手を訴えたくなったように。しかもそのような態度は悪の問題に解決をもたらさない。その態度は、人生を人生の外から判断できると考える、現実からかけ離れた思いにもとづいているが、現実そのものを無意味だと断言するならば、人間あるいは自分自身をも意義なきものとして否定するしかないであろう。

しかし、このような人間存在の否定や自己否定、そして現実そのものの拒否に対しては、良心が——具体的な理由を示さないまでも——反対の声を上げる。自分との一致ないし自己肯定、そしてそれと切り離すことのできない現実への参与ないし存在肯定は、あらゆる積極性の起源だからである。また、たとえ自分自身を受け入れることができなくても、すべて人間は尊厳あるものである以上、他者は無制約的に肯定されなければならないのである。さらに、悪の反対は善であるが、悪は善が欠けたものであり、どんな悪も善や価値をその成立の基盤としている。それゆえ悪の存在こそ逆に、善や意義の存在を裏書きしているのである。

このように見てくると、人間は、善を根本的には理解しているものの、悪や苦悩に満ちた状態に陥っており、この両者に引き裂かれた状態で実存している。この状態のなかで誠実であろうとすれば、ただ一つの道しか残されていない。それは悪がたしかにあるという事実とその重さを認め、自らの人生理解に組み入れた上で、自分の限られた理解力と価値観を規範とすることをやめ、人間を超えた存在を無条件に信じ、その計らいを信頼することである。

こうして生まれる基本的な信仰は、苦悩からの解放を求める叫びを含む。「深い淵の底から、主よ、あなたを呼びます。……嘆き祈るわたしの声に耳を傾けてください。……わたしの魂は主を待ち望みます」（詩編130・1〜2、6）。助けを求めるこのような祈りのうちに、人間は奥深い平安に触れるようになる。つらい経験のさなかにあっても、根本的な肯定に徹するならば、人間は執着と思い込みから解き放たれる。そのとき人間は、自由な心で根源的な存在に向かい、その善良さに自己を委ねることで、その卓越した規範から自分の人格を形成していただく。「主のほうに向き直れば、覆いは取り去られます。……主と同じ姿に造りかえられていきます」（二コリント3・16、18）。

この内的な発展の途上で、人間は自分の力の及ぶ範囲を超え出、与えられる助けを進んで受け入れるようになる。つまり人は、苦しみ嘆きながらも、小さな出来事のうちにさえ大きな励ましと親切な力づけを発見し、それに感謝するようになる。こうして目の前の現実は、もはや自己本位に対処されるような、無意味な材料ではなくなる。それは、超越が一見したところわたしたちから隔絶しているにもかかわらず、実は隠れたままわたしたちの近くにあることを告げる。かくして現実は、単なる自然ではなく、神と人間が関わり合う歴史の現場へと変わる。

人間は、超越とのこの交流において、さまざまな出来事が自分にとって意味があり、希望を与える合図であることを理解できる。そのとき人は、苦しい状態の只中でも、根本的な信頼を立て直すことができるようになる。こうして、悲しみにあっても慰めを見出し、圧迫のもとにあっても支えとなる平和を得、あやまちを犯して後悔にくれてもいずれは安心できるというように、地味ではあるが純粋な恵みを経験するのである。そのとき人間は、外へ向かう態度から静かな内面へと向き直り、神との内的対面へと導かれる。旧約聖書の預言者は、そのような恵みのうちに潜む語りかけを聞き取ることができたのであろう。「わたしがあなたたちのために立てた計画……は平和の計画であって、災いの計画ではない。将来と希望を与えるものである」(エレミヤ書29・11)。

恵みの経験と理解は、祈りのうちに浄化され明確化されるが、そこで始まった神との信頼関係——神との「契約」——があらゆる困難を乗り越える信仰にまで高められるためには、具体的な歴史のなかで最終的に確立し、確認されなければならない。この希求のうちでは、人間をおびやかす自然的悪——その焦点は〈死〉——と、人格的悪——その中心は〈罪〉——とが究極的に克服されること、さらに人間が不安を覚えずに、いのちとその与え主を肯定できる道が開かれることが、期待されている。

このような全面的な救いへの憧れが成就するためには、たとえおぼろげではあっても、人間に神との直接的な関係が与えられることが望まれる。そしてこの希望は、ヨブに典型的であったように、時間のもとで継起するこの世界、つまり歴史のなかで、人々に救いをもたらす方に出会うことで深まる。この希望は神と結びつく確信に向かって、いよいよ深まりうる。「わたしは知っている。わたしを贖う方は生きておられ……この身をもってわたしは神を仰ぎ見るであろう」(ヨブ19・25~26)。ここに見られるような具体的な救いへの信仰があればこそ、人間は閉鎖的な自我から解放されて、人生を共にしてくださる神とのつながりのうちで、消えないいのちに目覚めるであろう。「この救いについては、あなたがたに与えられる恵みのことをあらかじめ語った預言者たちも、探求し、注意深く調べました。預言者たちは、自分たちの内におられるキリストの霊が、キリストの苦難とそれに続く栄光についてあらかじめ証しされました」（一ペトロ１・10～11）。

7　神の近さを告げることば

人間は、動物のように法則だけに支配されて、あらかじめ定められたとおりに成長するわけではない。自然としてだけではなく、成功と失敗、偉大な業《わざ》と罪が織りなす歴史のうちで、自らを実現する。こうした、歴史的存在としての人生がどのようなものなのかを問うとき、その意義を単なる自分の視点や自分の力だけから規定することはできない。人生に意義があるとするなら、それは、人生が世界内で展開される時間的な出来事、すなわち歴史のうちで成立しながらも、永遠に触れており、したがってその起源が超越にあるからである。それゆえ意義を問う人は、歴史の只中で永遠なるものを現し、それをもたらす他者を探している。人が、無意味さと破壊からの解放を求めて、具体的な歴史に答えを、つまり救

いの保証をあえて期待することができるのは、神が現に存在し、人間に救いを実現すべく実際に働いていると基本的には信じているからである。ことばによる人生の意義づけと、行いによる虚無からの救いとに対する人類の期待は、旧約聖書の預言、特に救い主（メシア）に対する待望のうちにその典型的なかたちをとった。そして、ナザレのイエスは、この希望の成就を自らに与えられた使命と確信し、その課題の達成にいのちを尽くした。そこで、イエスのことばを傾聴することで、人間にどのような意義が示され、どのような救いが約束されているかを見てみよう。

大工の息子イエスは、二七／二八年にガリラヤで宣教を開始した。その時期は、修行者でもあった洗礼者ヨハネが、イスラエル人のあいだに回心の運動を起こし、力強い説教をとおして、人々に迫り来る審判を前にして悔い改めと生活の刷新を促した活動が終わる頃と重なる（マタイ3・1〜12、ルカ3・1〜20参照）。イエスは洗礼者ヨハネを「預言者以上の者」、「およそ女から生まれた者のうち、最も偉大な者」（マタイ11・9、11）とほめたたえ、ヨハネによる洗礼を受けた。だが、それ以後はヨハネのように悔い改めを促すのではなく、独自に、慈悲深い神の到来を告げたのである。

「時は満ち、神の国は近づいた。悔い改めて福音を信じなさい」（マルコ1・15）。「時が満ちる」という表現でイエスは洗礼者ヨハネと同様に、歴史的な時間のなかで起こる出来事、つまり神の一回限りの行いを指し示した。それは神の業《わざ》によって「時」そのものが充満（「満ちる」）し、もはや何ものにも追い越されることのない最終的な、そしてこのような意味で終末的な在り方に達することを意味している。すなわち、人間にとって決定的な、「神の国が近づく」と呼ばれるこの出来事は、神が王として来臨し、困窮と対立に苦しむ世界を、「慈しみとまことが出会い、正義と平和が口づけする」（詩編85・11）救いへと導くことであろう。

創造のはじめから、「すべてのものは、神から出て、神によって保たれ、神に向かっているので」（ローマ11・36）、イエスのことばは次のことを意味している。すなわち、神は、今や歴史として展開される人間の具体的な生において、新たに自らを根源・中心・目標とすることで、世界をその本来的な在り方へと復興させるとともに、最終的な完成に至らせる。人間は、人生の焦点を見失った結果、貧しさに陥り、世のはかなさを嘆くようになってしまっているが、神の慈悲深い到来によって、改めて真の幸福に目覚めるようになる。「心の貧しい人々は、幸いである、天の国はその人たちのものである。悲しむ人々は、幸いである、その人たちは慰められる」(マタイ5・3～4)。

イエスは、自分のことばをとおして、幸福をもたらす神の近さへと人々を導き入れることが自分の使命であると悟ったのだが、その点で裁きを預言する洗礼者ヨハネのメッセージを根本的に乗り越えている。「主がわたしを遣わされたのは、捕らわれている人に解放を、目の見えない人に視力の回復を告げ、圧迫されている人を自由にする……ためである」(ルカ4・18～19)。救いを与える神の近さも、イエスとヨハネとでは異なっている。ヨハネが未来を語るのに対し、イエスによれば聖書のことばは、種のように小さく隠れたかたちではあるが、すでに現在において実現しているからである。「この聖書のことばは、今日、あなたがたが耳にしたとき、実現した」(ルカ4・21)。

イエスの告げる救いは、律法を守るという倫理的な義《ただ》しさからではなく、全面的に神のあわれみから始まる。ただし、人間が自由な存在である以上、救いに与《あずか》るためには、人間が自発的に神に協力しようとする心の転換、つまり回心が不可欠である。回心とは、ヨハネが提唱した罪の告白や生活の改善よりも根本的なものであり、神の近さを伝えることばを希望をもって自分の存在の基盤とすること、つまり「福音を信じる」（マルコ1・15）ことなのである。信じる、すなわち神を信頼し、神の考えにそって人生をとらえ直す努力は、福音のことばに注意深く耳を傾けることによって可能となる。「救いをもたらす神の力である」（ローマ1・16）福音に向かって心を開いた人は、いのちの種を自分のうちへと蒔いていただくのである（マタイ13・3～9参照）。「幸いなのは神のことばを聞き、それを守る人である」（ルカ11・28）。

幸いを告げるこの福音を、イエスはさまざまなたとえ話や教訓などをとおして展開しているが、それらすべての根底にはただ一つの根本的な洞察がある。それをイエスが悟ることができたのは、彼が人間の可能性や必要性を考察したからではなく、心から「神のことを思う」（マタイ16・23）、つまり神にそって考えることができたからであろう。

神はイエスにとって「完全であり」（マタイ5・48）、「神おひとりのほかに、善い者はだれもいない」（マルコ10・18）。しかし、当時のユダヤ人は、罪びとに救われる可能性があるとは思わなかった。なぜなら、神の善さや完全性は、すべてを超越する神の愛にではなく、神の力と正義にあったからである。また、ギリシアの賢者たちは、神は世界から遊離しているだけではなく、その完全性は世界における欠如や有限性と無縁であり、その自己同一性はそれ自体で完結していると考えた。そこで、神は世界に働きかけないばかりか、世界を知ることさえないのであった。ユダヤ人、ギリシア人いずれの神理解においても、神は不完全なもの・罪あるもの・有限的なものと隔たっており、その隔たりゆえに完全性が保証されるのである。これに対し、イエスの理解では、神はそれ自体で充満し、愛と喜びをもって、自分自身へ関わるのと同じく他に対しても自らを今ここで開き、寛大に関わってくださる方である――これこそ神の完全性や善さである。その善さを神は慈しみ深く、「今こそ、この救いの日に」（二コリント6・2）、人間に対して実現してくださる。このように、不完全で罪ある者、自分に対立する他者さえも――たとえその人がどれほど小さくてまた遠いところにいようとも――大切な「子」として迎え入れ、ご自分のいのちで生かしてくださる神を、愛する

「父」と呼ぶ以外、どのような呼び名で呼ぶことができよう。

たしかにイエスにとっても、神は「隠れたところにおられる……父」(マタイ6・6)であり、はかり知れない神秘であるが、近づく神を信仰をもって迎える人は、愛に満ちた神の在り方に従って造りかえられ、自分と対立する他者までも「自分のように愛する」(ルカ10・27)ようになり、そのことによって父と同じように「完全な者となる」(マタイ5・48)。このように、イエスのことばを根本から洞察するならば、イエスの神観および救済理解と新しい倫理観とが一体であること、そしてまた、イエス自身がどのように自分を「子」として経験していたのかが、そこに示唆されていることがわかる。

8　子として生きるとは

誰もが幸福を求めるが、性格や生活環境はそれぞれ大きく異なるので、幸福に近づく道は画一的に決まっているわけではない。しかし、幸福が限りない充実を意味する以上、多様で部分的であるわけはなく、どのようなかたちで幸福が実現されるにせよ、本質的には同一の実質をもつはずである。すべての幸福に共通する中心的な内容を人々に理解させ、それをどのように受け入れるべきかを伝えることが、イエスの宣教であった。そこで、福音を聞くとき、そのことばをとおして、イエスの心の肉声を聞き取ることができよう。というのも、イエスが語ったことは、外から学び取ったものではなく、彼自身が内的に経験し具体的に実現しようとしたことにほかならないからである。

福音全体がイエスの姿を反映しているとすれば、イエスのことばを理解しようとするにあたり、そのことばの根にある彼自身の根源的な自己理解を探ることが、その早道になるであろう。そこには、神と人間との関係についてイエスが言わんとすることが、根づいているからである。イエスが自分を根源的にどのように理解し、なぜ宣教活動に入ったのかを示す出来事として、四福音書はそろって、ヨルダン川でヨハネから洗礼を授けられたときのイエスの経験をあげている。イエスが罪びとの列に加わり、神のあわれみだけに自分を委ねようとしたとき、彼と超越との関係が明らかになったのである。イエスは「水の中から上がるとすぐ、天が裂けて〝霊〟が鳩のようにご自分に降《くだ》ってくるのを、ご覧になった。すると、『あなたはわたしの愛する子、わたしの心に適う者』という声が、天から聞こえた」(マルコ1・10〜11)。

愛する子であるという声は、生涯イエスのうちに響き、生きる力となり、宣教活動をするための原動力となった。この声は、神のみに導きをあおごうとするイエスの決断を受け入れる声であった。いや、はるかそれ以上に、愛に満ちた神の自己啓示であった。水に入り神の前に自分を無にしたイエスは、このとき直接に、神と自分とのあいだには壁も曇りもなく、神が自らのうちにもつ、まさにその同じ愛をとおして、この小さな自分を肯定し生かしてくださっているのだと悟った。この声と霊の息吹のもとで、イエスは本来の自己に目覚めるという具体的な経験をした。自分が、根底では常に神の満ちあふれる慈しみから流れ出て生きているということを、経験として洞察することができたのである。

このような意味で新たに自己が認識されるとき、重心はもはや単なる自分のうちにとどまらず、開かれた自分の中心を貫いて、自分のいのちの源である無限に偉大な方、つまり「父」にまで深まっていった。こうした理解から、イエスのその後の生き方は始まり、その意図と目標が定まった。神は、いのちが生まれる自然の泉というだけではなく、声をもって語りかけ、愛をもって自分に関わり、自由と課題を授ける存在であり、そしてまさにそのことばをとおして自分を生かし育てる方である。イエスは、自分の存在のこの根源へと向き直り、その方に直面し、「わが子」という呼び声に応え「アッバ、父よ」（ローマ８・15）と、霊と心をあげて呼び返すようになった。

「子」、すなわち二人とない神の「独り子」（ヨハネ１・18、３・16）であるという意識が、イエスの基盤となった。それはまた、やすらぎの原点であると同時に実現すべき課題でもあり、解くべき謎でもあった。ここで課題とは、常に「新たに生まれ」（ヨハネ3・3）、「自分を低くして、子どものようになる」（マタイ18・4）ために、単純な信頼のうちに、「神の口から出る一つひとつの言葉を聴いて生きる」（マタイ4・4参照）という努力を重ねることである。イエスがニコデモに説明したように（ヨハネ3・1〜5）、人間を自然的にだけとらえるなら、子どもは成長するにつれて、親から独立し大人になるが、それとは反対にイエスは、自立心に拠り頼まず、神の前にますます小さくなり、自由なへりくだりと奉仕をとおして、根源的に神に依拠する関係に徹しなければならなかった。

そこで、イエスは、「子として生きる」ことが、はたして何を意味するのかを考えるために、四十日間荒れ野で断食をして祈った。祈りのうちでイエスは、「子」としての生き方を自ずと生じる自然な望みに従って決めようとする最初の態度を誘惑と見破り、そのような望みにさまざまなレベルで打ち勝った。最終的にイエスは、神の僕《しもべ》になることこそ子としての自分にふさわしい態度であるという結論に至った。すなわち、洗礼の際のイエスの経験を逆手にとり、「もし神の子なら」（マタイ4・3、6）と、父たる神との関係を自分に都合よく利用させようとするそのかしに抗《あらが》って、イエスは隠れる神が沈黙のうちに発する声に、より一層注意深く耳を傾け、その結果「子」とは何かという問いの答えとして、ただ「主を拝み、ただ主に仕える」（マタイ4・10）ことを見出した。イエスにとって「子」として生きることとは、父と「等しい」（ヨハネ5・18）身分に「固執しようとは思わず、かえって自分を無にして、僕《しもべ》の身分になり」（フィリピ2・6）、父から発するどのような関わりにも快く耐えることを意味していた。それは、「わたしより偉大な方」（ヨハネ14・28）に向かって、「心を尽くし、精神を尽くし、力を尽くし、思いを尽くす」（ルカ10・27）ことであり、この無我の愛と徹底的な奉仕のうちに、「父を知る」（マタイ11・27）という最高の「幸い」（マタイ5・8）を意味したのである。

「命を得る」（マタイ16・25～26参照）道は、全世界を手に入れる（マタイ4・8～9参照）ことではなく、父への愛のために「命を失う」自己放棄であるということこそ、イエスが荒れ野で発見した人生の秘義であった。それゆえイエスは、従順をもって父の声を聞き取り、奉仕をとおして自分を父に捧げるという、父から自分への、また自分から父への関係性を、人生の要《かなめ》とし心に刻んだ。このような父との全面的な相互呼応関係にもとづいて、イエスは「柔和で謙遜な者」（マタイ11・29）になると同時に、神が「わたしと共にいてくださる」（ヨハネ8・29）実感を支えに、内的な自由を足場として力強く自立したのである。

父との関わりをイエスは、時間をかけ常に新たに求めたが、そのために「朝早くまだ暗いうち」（マルコ1・35）、夜遅く、ときには一晩中（ルカ6・12参照）祈りに専心し、自分が知ったみ旨を実現できる力を得た。「子は、父のなさることを見なければ、自分からは何事もできない。父がなさることはなんでも、子もそのとおりにする」（ヨハネ5・19）。そこでイエスは「自分の栄光を求めないで」（ヨハネ8・50参照）、「わたしをお遣わしになった方のみ旨を行い、その業《わざ》を成し遂げること」を自分の「食べ物」（ヨハネ4・34）とみなした。そのみ旨とは、人に「自由を得させる」（ガラテヤ5・1）ことである。さらにイエスは、神が自らを現す「真理」こそ人間を「自由にする」（ヨハネ8・32）ということを自分の経験から知ったので、「〝霊〟の力に満ちて」（ルカ4・14）神の真理を告げようとした。「御父は御子を愛し」「〝霊〟を限りなく与えるから」「神がお遣わしになった方は、神の言葉を話される」(ヨハネ3・34～35)。

9　人のために人間になる

生命を得てから子どもはすでに人間であるが、よりよい人間になろうとする努力は誕生から一生続く。人間として生まれても、その出発点では自己の意義はまだ規定されておらず、成長にともない可能性が湧き上がるものの、それは自由意志によってまだ実現されていないからである。しかし、人間は人生を意義深いものとして肯定することではじめて、この人生をわがものとして受け入れ、真の自己になることができるので、自己の意義を問い求めることは人生の第一の課題となる。

だが、意義そのものを、自分の思いどおりにつくり出せるわけではない。人生の意義を、生きる力をもたらす源泉として、理解し受け取ることができるだけである。それゆえ、人生の意義は、生きるための便宜などではなく、その人の存在と合致するはずであり、このような意味で、人間存在の根源たるところ、つまり神自身から与えられ、伝えられなければならない。

聖書によれば、イエスは自分の存在全体を、神の与える意義や課題に応えるために徹底的に使った。彼は「あらゆる点において、わたしたちと同様に」（ヘブライ4・15）平凡な人間つまり「肉となった」（ヨハネ1・14）が、「世に来た時に」神の前で自分の存在の根本から「あなたは……わたしのために体を備えてくださいました。……『御覧ください。わたしは来ました。……御心《みこころ》を行うために』」（ヘブライ10・5～7）と決心した。自分の意義をいのちとともに常に神から受け取る態度において、イエスは「造り主の姿に倣《なら》う新しい人」（コロサイ3・10）の原型となった。

イエスは、自分および人間の存在と意義をどのようなものと考えたのだろうか。人間は、「寿命をわずかでも延ばすことはできない」（マタイ6・27）、「枕する所もない」（マタイ8・20）存在であるが、「髪の毛一本までも」（マタイ10・30）守られており、病、無知、「死の恐怖」（ヘブライ2・15）に苦しんで、「弱り果て、打ちひしがれて」（マタイ9・36）いながらも、愛という道をとおして「天の父が完全であられるように……完全な者になり」（マタイ5・48）うるのである。しかし、限界のない可能性を生きることは、もとより人間にふさわしいことだとしても、その可能性の発見と実現は、「人間にできることではないが、神にはできる」（マルコ10・27）。そこで、イエスは荒れ野で断食をして神の語りに忠実に耳を傾ける態度を固め、神の示す意義を自分の人生の基盤とした。

ところで、意義と自由はなるほど個々人のものである。しかしながら、人間は他者と共に生きる存在なので、人たることを受け入れることは他者を受け入れ、他者と共に生きることを受け入れることでもある。イエスは、洗礼者ヨハネのように砂漠に退くのではなく、人々のあいだで暮らし「町や村を残らず回って」（マタイ9・35）、当時の社会を構成していたあらゆる身分の人々や生活環境と関わった。群衆にたとえ話をし、律法学者と議論し、伝染病を患っている人に手を触れて癒やし、女性も弟子として従わせ、ローマ政府との協力者も、反ローマの「熱心党」の人も、同じように使徒として迎え入れた。また、貧しいやもめと心をかよわせる一方で、金持ちの家に泊まり込み、子どもたちに会う時間をつくり、評判の悪い徴税人や、ファリサイ派の人の家でも食事を共にし、さらに使徒たちのような庶民を友とし、時には異国の人をも相手にした。

形式にとらわれないこのような自由な人間関係は、当時の人々に驚きをもたらし、つまずかせもしたが、イエスにとっては本質的で重大な課題であった。人間であることは共に「血と肉を備えている」（ヘブライ2・14）ことであるが、そのもともとの在り方は家族や兄弟関係に見られた。「天の父おひとり」のもとで「皆兄弟なのである」（マタイ23・8）。しかしながら、兄弟であるとはいっても、それは人々が互いに等しい権利をもつことを意味するわけではない。そうではなくて、「隣人を自分と同じように愛し」（ルカ10・27）、互いのために生きる態度を言うのである。「人にしてもらいたいと思うことは何でも、あなたがたも人にしなさい」（マタイ7・12）。

見返りを期待せず互いのために生きるならば、共同生活は喜びにあふれ、祝祭へと変わる。この意味で、イエスは旧約で語られた神の「知恵」の具現である。「主の御前で……地上の人々と共に楽を奏し、人の子らと共に楽しむ」（箴言《しんげん》8・30～31）。徴税人の宴会に出席し「大食漢で大酒飲みだ。……罪人《つみびと》の仲間だ」と批判されると、イエスはこの神の知恵を自分の活動の根拠として指し示した。「知恵の正しさは、その働きによって証明される」（マタイ11・19）。

このように、イエスは自分の人間関係を神自身に根拠づけることによって、自分の行いの動機が、名誉心や自己の欲求によるものではないことを明らかにする。むしろ、神が人間へと関わるのと同じ仕方で、イエスもまた人間に関わろうとしている。「父がなさることはなんでも、子もそのとおりにする」（ヨハネ5・19）。自分に近づく誰もが「父がわたしにお与えになる」（ヨハネ6・37）貴重な存在であり、そして誰もが平和の神から自分の保護と導きに委ねられたものだ、とイエスは実感したのである。

神がどのように人へと関わるかを、イエスは自分自身に対する神の関係から読み取っている。すなわち、人間はなるほど自己愛にもとづいて隣人を愛することができるが、しかしながら神が「愛する子、心に適《かな》う者」（マタイ3・17）として人間を慈しむ愛は、はるかにそれに立ちまさる、というのがイエスの経験であった。この神に心を合わせて、イエスはどんな人をも同じような愛とあわれみをもって受け入れようとした。このようにイエスは、その人間関係のうちに「神の愛を示す」（ローマ８・39、38参照）「神の……完全な現れ」（ヘブライ１・３）であり、「わたしたちが愛とは何かを知る」（一ヨハネ３・16参照）ことができるための、新しい、究極的な模範となった。「わたしがあなたがたを愛したように――つまり神がわたしを、またあなたがたを愛したように――互いに愛し合いなさい……自分の命を捨てること、それ以上に大きな愛はない」（ヨハネ15・12～13）。この「神から出る」（一ヨハネ４・７）愛を他者に「量り与える」（マタイ７・２）ことができればできるほど、ますます神の愛は受け入れられ、その人自身を生かすいのちとなる。「わたしたちは兄弟を愛しているから、自分が死から命へと移ったことを知っている」（一ヨハネ３・14）。

イエスの活動は、神と人間のこのような関係にもとづいて展開された。こうしたイエスの理解に与《あずか》って、愛する父として神を知ることは、他者を自分に代えても愛することである。それは、神のいのちに通じる生活の根本であり、イエスが伝えようとしたのはまさにこのことであった。「大勢の群衆を見て、飼い主のいない羊のような有様を深くあわれみ、教え始められた」（マルコ６・34）。出入りする人が多くて「食事をする暇もない」（マルコ６・31）ほどであったが、神がいのちを新たに与えるように（ヨハネ5・21参照）、イエスも「方々を巡り歩き、人々を助け……すべていやされた」（使徒言行録10・38）。このように人生を尽くすことこそ、人間が神に適って生きることを可能にするのだと確信したイエスは、弟子を集めて自分と同じような生活へと誘い、自分との密接なつながりに招き入れた。「天の父の御心《みこころ》を行う人が、わたしの兄弟、姉妹、また母である」（マタイ12・50）。

10　あなたはどなたですか

他者に助けていただくことで人間は生きることができるし、また助けてくれる人を信頼することは、最も人間らしい態度の一つであろう。信頼関係をつくることは、まず相手の行動を見て、その人柄を理解し評価することから始まる。

福音書によると、イエスは初めからあつい信望を集めていた。同時に人々は彼の力強い話に「非常に驚いて」（マタイ7・28）、神殿から商人を追い出す激しい行動を見たときには、「何の権威でこのようなことをしているのか」（ルカ20・2）、とイエスに迫った。あるいは、「わたしたちの父アブラハムよりも、あなたは偉大なのか」（ヨハネ8・53）と、イエスに対し、自分自身をどのように理解しているのかを尋ねた。イエスを信じるか否かは、「あなたはどなたですか」（使徒言行録9・5）という問いへの答えにかかっているが、イエスはこの問いに直接答えるよりも、一人ひとりにその答えを見出させようとして自分の行った業《わざ》を指し示している。「来《きた》るべき方は、あなたでしょうか。それとも、他の方を待たなければなりませんか」と問われてイエスは答えた。「行って、見聞きしていることをヨハネに伝えなさい」（マタイ11・3〜4）。

信仰の基盤を探ってイエスの自己理解を問う方法としては、福音書のなかでイエスや弟子たちが使っているさまざまな尊称——たとえばメシア、御子《おんこ》、神の子など——から出発するよりも、歴史的に確認できるイエスの実際の話し方やふるまいの諸特徴を検討するほうがより適切であろう。そうすることで、イエスの存在の奥深さ、あるいは一定の型に収まらない謎に満ちた彼の姿が段階的に顕わになるからである。

「大工の息子」（マタイ13・55）イエスは、たしかに会堂や神殿での信仰生活に参加し、施しなどの善行もした信仰あついユダヤ人であったが、それでも律法学者たちから痛烈に非難された。洗礼者ヨハネのように荒れ野で厳しい断食に専心したこともあったが、基本的には修行者ではなく、弟子たちに断食を義務づけることもなく、むしろ神と人間との婚礼の喜びを告げていた（マタイ9・15参照）。また、イスラエルの神への全面的な帰依を呼びかけながらも、宗教的権威を主張するローマ皇帝に税金を払うように勧め、革命家のような政治的な意欲は全くもっていなかった（ヨハネ6・15、18・36参照）。さらに「貧しい人、体の不自由な人」（ルカ14・13）を宴会に招くように促したが、社会改革を自分の遣わされた優先課題とは考えないで（ルカ12・13〜15参照）、自らの指針の重点を専ら、神と人間との関係を説く教えにおいていた。

そこで、宗教的な意味で、イエスは人々から「ラビ」（ヨハネ1・38）と呼ばれ、時折律法学者たちから聖書の意味について尋ねられたときも、「律法学者のようにではなく、権威ある者としてお教えになった」（マタイ7・29）。すなわち、律法の専門家たちは聖書のことばを絶対視し、ただその解釈をめぐって議論し合うのが常であったが、それに対しイエスは、聖書を認めながらもそのことばを判定し、神のもともとの意志に訴えることをとおして、旧約の律法にまさる教えを伝えている（マルコ10・2〜9参照）。その点では、イエスの語り方は預言者たちの話し方に近く、イエス自身も自分を預言者の列に数え入れることがあった。

しかし、預言者たちは自分が述べることばを常に「主の言葉がわたしに臨んだ」とか、「主は言われる」などの表現で、自分の考えと区別していた。彼らは、預言を授けられたものとして自分の考えとは明確に区別しつつ、自らの召し出しの出来事を指し示すことで権限が授けられていることを裏づけているのである。これに反し、イエスはその教えを自分自身の権限でもって宣べ伝えており、その点で預言者の類型をはるかに超え出ている。

さらにイエスは、洗礼者ヨハネを「預言者以上の者」（マタイ11・9）と評価したが、ヨハネは「わたしの後から来る方は、わたしよりも優れている」（マタイ3・11）と告白し、自分を単なる先駆者にすぎないと理解していた。それに対して、イエスにはこうした考えは一切なく、むしろ、のちに来てメシアと自負する人々の後を「追いかけてはいけない」（ルカ17・23）と戒めた。つまり、イエスの理解では、神の国は自分のいるところから始まる。「神の国はあなたがたの間にあるのだ」（ルカ17・21）。このことばは、イエス自身が神の到来の隠れたかたちであることを暗示している。イエスは、旧約から伝わるメシア尊称を不十分なものとみなし、自分を旧約の偉大な王や預言者に「まさるもの」（ルカ11・31

～32)、既存の枠組みを超えるものとした。

同じようにイエスは、旧約の律法と言い伝えを過渡的なものとみなし、自分の与える新しい掟こそ、神の最終的で完全な意志の現れであると信じた。「あなたがたも聞いているとおり、『隣人を愛し、敵を憎め』と命じられている。しかし、わたしは言っておく。敵を愛し、自分を迫害する者のために祈りなさい」(マタイ5・43～44)。自分のことばが真理そのものであるという確信は、「はっきり言っておく〈文字どおりには、アーメン、アーメン、わたしは言う〉」(ヨハネ5・24～25) というイエスに固有な表現にもうかがえる。こうした権威を意識してイエスは、安息日の労働禁止という重要な掟を人間のためにあえて破ることで、自分を「安息日の主」(マルコ2・28) と宣言し、旧約の上に位置づけた。

たしかにイエスは「自分の栄光は求めておらず」(ヨハネ8・50)、「自分からは何事もできない」(ヨハネ5・19) ことを深く意識してはいたが、人々がイエスの存在と使信を心から受け入れることを期待し、この信仰が終末的な救いの要《かなめ》になることを強調した。「わたし……を恥じる者は、人の子も……来るときに、その者を恥じる」(ルカ9・26)。

イエスには、人間にいのちをもたらす神の国やその支配がすでに今、自分の活動のうちに始まっていることがわかっていたので、さまざまな癒やしを――歴史的に見れば、その事実を疑う余地はない――神の到来のしるしとして行った。「わたしが神の指で悪霊を追い出しているのであれば、神の国はあなたたちのところに来ているのだ」（ルカ11・20）。神の国の重大な内容、すなわち神との和解と永遠のいのちへの参与を、イエスは食事を共にしながら徴税人にさえも分け与えた。そうすることでイエスは、正義のみを強調するファリサイ人に対して新しい神の姿を打ち立てた。イエスは、自分をあわれみ深い神の代理として現したのである（ルカ15・1～7、マタイ9・10～13参照）。それゆえ、直接に神のゆるしを与えることば（ルカ7・48参照）も、自分が神自身の業《わざ》を行うのだという、イエスがもともともっている意識を反映したものである。「この男は神を冒瀆し」（マタイ9・3）、「ご自身を神と等しい者とされた」（ヨハネ5・18）というユダヤ人の反応も、そのようなイエスの意識の反響なのである。

このようにイエスの存在は、その言動と不可分であり、あるいは一致している。つまりイエスにおいて、神は究極的に現存し、自らを具現化しているのである。

イエスはこのことを確信して、人々を召し出し、イエスとの結びつきを家族を含むあらゆる人間関係にまさる賜物として与えた。単純で無条件的なこの呼びかけと約束のもとで、弟子たちはイエスを中心に新しい神の民をかたちづくっていった。

弟子に対するイエスのこうした関わり方の唯一の根源、そしてイエスの自己理解や内的力の源は、神を親しく「父よ」（マルコ14・36）と呼び、神を確実に知り、ただみ旨を行う確信にあった。こうした親しさは他のユダヤ文献に見当たらない。かくして、イエスは「わたしを信じる者は……わたしを遣わされた方を信じるのである」（ヨハネ12・44）と言い、自分への信仰を神への信仰の最終的な具体化とみなしたのである。

11 共に苦しみ、共に生きる

善い意図をもって取り組んだ計画が、思うとおりにならないことは、つらい経験の一つであろう。やりがいをなくし、人生とその根源に対して消極的になることもある。しかしながら、こうした状態に陥っても、望みとは逆の状態自体のなかに新しい可能性への招きが含まれていることを発見できるならば、計画変更を迫られ、活動方針の変更を余儀なくされるとしても、人生の一貫性と生き甲斐が損なわれることはない。計画や活動方針を変更し新しい道を思いきって歩むにつれて、このような方向転換は理解を超えた力に包まれていることがわかってくる。そして人生の隠れた根源に対する信頼も以前よりあつくなり新たになる。

まもなく到来する神の国をイスラエル全体に信じさせるという課題を、イエスは意識していたと思われる。しかし、しばらく活動してから、イスラエル人が自分を何者と言っているのかとイエスが弟子たちに尋ねると、人々はイエスをただ「預言者の一人」（マタイ16・14）と考えていると弟子たちは答えた。人々が、イエスの最終的で決定的な救いの指針を受け入れていないことが明らかとなった。また、「弟子たちの多くが離れ去り、もはやイエスと共に歩まなくなった」（ヨハネ6・66）とき、イエスは悲しみのうちに（ルカ13・34参照）このことを痛感せざるをえなかった。

だが、危機に直面してもイエスは、自分が遣わされていることを疑わず、思いがけないこの新しい状況に置かれても、救いの計画が実現できると信じ、そればかりか、自分にもっと大きな課題が与えられていることを悟るようになった。すなわち、善意に呼びかけることばをもってしても人間が信仰に至らないならば、神はその最高かつ最終的な試みとして人間にご自分のいのちを与えようとし、しかもこの究極的な愛の努力は、自分（イエス）をとおして成し遂げられるほかない。このような確信がイエスのうちに湧き上がったのである。人々に退けられ、打ち捨てられても、まさにそのことこそが、自分の存在のすべてを賭して神のいのちそのものを人間のために渡す召し出しである、という思いがイエスの心にひらめいたのである。「このときから、イエスはご自分が必ずエルサレムに行って……多くの苦しみを受ける……ことになっている、と弟子たちに打ち明け始められた」(マタイ16・21)。最も近い弟子ペトロが、イエスにこの考えを思いとどまるよう願っても、イエスはこの一見したところ親切な助言を「サタン」(マタイ16・23)による誘惑と見破り、「エルサレムに向かう決意を固められた」(ルカ9・51)。あるいは、弟子たちが危険を察知して(ヨハネ11・8参照)ユダヤへの出立に反対しても、イエスは翻意しなかった。すると、弟子の一人である「トマスは仲間の弟子たちに『わたしたちも行って、一緒に死のうではないか』と言って」(ヨハネ11・16)、イエスと共にいることを自分の使命として受け入れようとした。「わたしに仕えようとする者は、わたしに従え。そうすれば、わたしのいるところに、わたしに仕える者もいることになる」(ヨハネ12・26)。

実際、イエスはその生涯の最後の数ヵ月、弟子たちへの諭しに力を入れ、特に「自分のそばに置くため、また宣教させるため」(マルコ3・14)に選ばれた十二使徒には、へりくだりと受難の意義を受け入れさせようと努めた。「いちばん上になりたい者は、すべての人の僕《しもべ》になりなさい。人の子は仕えられるためではなく仕えるために、また、多くの人の身代金として自分の命を献げるために来たのである」（マルコ10・44〜45）。だが、イエスにとって受難とは、超越――神――を拒んでこの世に閉じこもる人間に神の近さを告げる宣教の、単なる避けがたい結果にとどまるものではなかった。それは、自分のすべてを神に委ね、自分の存在を徹頭徹尾、神のはかりがたい意志に貫いていただき、謙遜な愛をもって神に「栄光を帰する」（ヨハネ17・1）という、み旨の計画を意味していた。心の頑な殻が神によって取り除かれるとき、自らを与えようとする神と同じ愛を身に帯び、どんな人とも一致する可能性が開かれるのである。こうしてイエスは、自分を全面的に神に結びつけ、いのちさえも使っていただくことを「わたしの時」（ヨハネ2・4など）と知り、この決定的な瞬間を待ち望んだ。しかしその苦しみを恐れてもいた。「わたしには受けねばならない洗礼がある。それが終わるまで、わたしはどんなに苦しむことだろう」（ルカ12・50）。

いのちの泉である神と一致するために、信頼をもって自我を放棄するこの自己超越こそ、人間の、とりわけ自分自身の道であるとイエスは考えた。そこで、イエスの召し出しに与《あずか》る弟子も、苦しみを惜しんではならない。「わたしについて来たい者は、……自分の十字架を背負って、わたしに従いなさい……わたしのために命を失う者は、それを得る」(マタイ16・24~25)。神への従順な愛と人々に対する謙遜な奉仕のためにいのちを失う人が、イエスによって「わたしの友」(ヨハネ15・14)と呼ばれ、「わたしの兄弟」(ヨハネ20・17)とみなされ、「種々の試練に遭って……わたしと一緒に踏みとどまってくれた」(ルカ22・28)協力者として受け入れられ、彼らはイエスのすべてを——神との親しい交わりから具体的な生活の苦労まで——イエスと共にもつようになるのである。

受難という孤独な、ただ「父が共にいてくださる」(ヨハネ16・32)道に踏み出す前夜、イエスは弟子たちに抱いていたこの密接なつながりを一度だけでもことばにし、変わらないものとして残したいと願った。「過越祭《すぎこしさい》の前のことである。イエスは、この世から父のもとへ移るご自分の時が来たことを悟り、世にいる弟子たちを愛して、この上なく愛しぬかれた」(ヨハネ13・1)。この愛を現すためにイエスは共に食事をする機会をつくったが、そのような会食をイエスは、旧約の預言(イザヤ25・6参照)にもとづき、神との、また互いの究極的な一致を、喜びのうちに先取り祝う場であると考えていた。「苦しみを受ける前に、あなたがたと共に……食事をしたいと、わたしは切に願っていた」（ルカ22・15）。食事に臨み、イエスは、来《きた》るべき受難が自分の徹底的なへりくだりによる互いの一致の実現であることを示そうとした。そこで、僕《しもべ》のかたちをとり「上着を脱ぎ……弟子たちの足を洗い、腰にまとった手ぬぐいでふき始められた……『もしわたしがあなたを洗わないなら、あなたはわたしと何のかかわりもないことになる』」（ヨハネ13・4〜5、8）。

ユダがイエスを裏切ろうと席をはずした。すると、イエスは、自分の存在が神との関係の要《かなめ》であること、すなわち自分が、神に至る「道であり、真理であり、命である」（ヨハネ14・6）という神秘を明らかにした。そして、枝が幹とつながって実を結ぶように、弟子もイエスに根づいてはじめて「互いに愛し合って」（ヨハネ15・12）「残る実」（ヨハネ15・16参照）を結ぶことができるのだ、と説いた。

平安に満ちたこの最後の時に、イエスは神との最終的な「新しい契約」（一コリント11・25）を結び、感謝しながら自分の生涯を総括した。「わたしは御名を彼らに知らせました。……わたしに対するあなたの愛が彼らの内にあり、わたしも彼らの内にいるようになるためです」（ヨハネ17・26）。

しかし愛はことばを超えている。愛はいのちの現実である。そこでイエスは、「パンを取り……『これはあなたがたのためのわたしの体―我が身―である』」（一コリント11・24）と言いながら弟子たちに与え、自分自身をありのまま、一人ひとりにいのちの源として植えつけた。それは、「わたしの肉を食べる……者は、いつもわたしの内におり、わたしもまたいつもその人の内にいる」（ヨハネ6・56）という意味である。

12　苦悩の謎を生きぬく

出口のない状態に陥り、苦しみと滅びにさらされるとき、人間の心は「なぜわたしがこんな目に」「何のために」とうめく。この叫び声は、声に発せられなくても、見捨てられた人、災難に遭った人、人生の不条理に悩む人、死期の迫った人のうちから、一瞬ごとに天に上がる。だが神は顔を隠し、沈黙しているようである。たしかに「神が死を造られたわけではなく、命あるものの滅びを喜ばれるわけでもない」（知恵の書1・13）のであり、このことばの真理を前にして理性は抗《あらが》うことができない。しかしながら、悲しみと苦悩を目の当たりにするとき、単なることばは沈黙する。もし、不安と困窮から生じる人間の問いに答えがあるとするなら、極限的な困窮に打ちのめされても、なおこの苦悩を進んで引き受け、

耐えぬいた人に答えを求めるべきであろう。十字架を担い、それを「自ら背負い『されこうべの場所』へと向かわれた」(ヨハネ19・17参照)イエスにしばらく目を留めよう。

宣教の途上で、イエスは民衆の不信仰に気づき、自分が他の預言者と同様に打ち捨てられることを予期し、この運命を神のみ旨、すなわち神と人間の和解、「新しい契約」の実行として積極的に受け入れるようになった。このような思いからイエスは、最後の晩餐で受難を先取りし、自分自身をいのちの糧として弟子たちに与えた。だが晩餐が終わり、ユダがイエスを引き渡そうと席をはずすと、残酷な受難の予感がせきを切ったようにイエスの意識に流れ込み、底知れぬ不安で彼は動揺した。イエスは「悲しみもだえ始められ……」「わたしは死ぬばかりに悲しい。ここを離れず、わたしと共に目を覚ましていなさい」(マタイ26・37～38)と言い、最も親しい弟子たちに支えと祈りを求めた。

ユダはイエスがいつも祈っているこの庭を知っていた。もしイエスがここを立ち去っていたなら、受難は避けられたであろう。しかし、受難を自発的に受け止めることこそ神の望みであり命令であることが、イエスにははっきりとわかっていた。しかも、自分の生涯の唯一の意義が神の国と救いの実現にあることも、イエスは理解していた。とするなら、イエスは確かに受難を次のように理解することができた。すなわち、もし神が癒やしをとおして救いを示し、宣教によって救いへの信仰を育てるというそれまでの活動を、受難によって終わらせるとするならば、そうした活動よりも受難のほうがより深く救いと関わっていること、救いを可能にする条件、いや、救いの実現そのものであることをイエスは理解するに至った。

使命感と不安の板挟みとなったイエスは、「涙を流しながら、自分を死から救う力のある方に、祈りと願いをささげ」（ヘブライ5・7）、「うつ伏せになり」（マタイ26・39）、「アッバ、父よ」と神に訴えて、「できることなら、この苦しみの時が自分から過ぎ去るように祈った」（マルコ14・35〜36）。祈りを繰り返すなかで、ようやくこの試練に打ち勝って、自分の存在全体を神の意志に対して開くことができた。「わたしが願うことではなく、御心《みこころ》に適うことが行われますように」（マルコ14・36）と、受難の覚悟を決めたのである。この時からさまざまな苦しみが始まったが、この根本的な決断のゆえに、もはや苦しみがイエスを神から離れさせることはなかった。苦しみは、むしろ「従順を学び」（ヘブライ5・8）、それに徹するきっかけとなった。人々の無頓着と無理解、激しい憎しみに由来する痛みと辱《はずかし》めをとおして、イエスは父なる神のはかりがたいみ旨を、ただただ自分の無防備な体と心のすべてで受け止め、自分がこの意志に結びつくように、努めるのである。

逮捕、裁判、受難の各場面を、福音書記者は事実に則して簡潔に報告するだけで、イエスの心身の痛みや苦しみや内的な態度は暗示される程度にとどまっている。福音書は淡々と事実を追っている。イエスは「友」に接吻で裏切られ、「強盗」のように縛られ、弟子全員から見捨てられ、宗教裁判では偽証人によって訴えられる。大祭司からの尋問に対しては臆することなく、自分と神との同等性を言明し、自分が終末的審判の権限をもつ者であることを証しするが、そのために、死刑の判決を受ける。顔につばを吐きかけられ、こぶしで殴られ、偽メシアとして嘲弄される。だが、そのような辱めや苦しみよりももっと深くイエスの心をえぐり、苦しめたのは、親友ペトロによって「知らない」者として否まれたことである。処刑を待つ夜を牢のなかで明かし、ヘロデ王のなぶりものになったイエスは、死刑執行の許可を得ようとする人々により、総督の前で、王と自負した反逆者として告訴される。裁判は合法を装っているが、ローマ人のピラトとユダヤ人の祭司たちは、自分たちの都合のよいようにイエスをもてあそぶ。しかし、そうしたなかにあっても、イエスは、自らの指針と活動の最終的な判定を神だけに任せ、沈黙のうちに品位を保つ。

鞭打たれた全身から血が流れ、力を失い、偽物の王として兵士たちから茨の冠を頭にかぶせられ、侮辱され、打ちすえられる。衆人のなかを、十字架をかつがされ、死刑場へと連れられて行く。痛みを和らげるぶどう酒が差し出されても飲むのを拒む。服をはぎ取られて十字架につけられ、そのままの姿で半日、ゴルゴタの丘でさらされ、人々にののしられる。十字架刑は当時の最も残酷かつ最も軽蔑された死刑の方法であったが、その身体的激痛についても精神的な苦しみについても、一言も記されていない。イエスの存在全体はあたかも苦しみの炎のための薪のようになる。この苦悩を謙遜に受け入れ、イエスは「永遠の〝霊〟によって、ご自身をきずのないものとして神に献げた」（ヘブライ9・14）。

十字架上にあっても、イエスは人々に心を配る。イエスは自分を殺す人々のために、彼らを「おゆるしください」(ルカ23・34)と神に願い、隣の十字架にかかる犯罪人に「今日わたしと一緒に楽園にいる」(ルカ23・43)と約束する。愛弟子ヨハネに老いた母マリアの今後を頼む一方で、弟子を代表してヨハネをマリアに子として授け、イエス自身と同じいのちで生きる兄弟とする(ヨハネ19・26~27参照)。

イエスにとっての最大の困難と課題は、神自身との関係であった。「わが神、わが神、なぜわたしを見捨てられたのですか」(マルコ15・34)と思わず大声で叫んだときに、イエス自身が、人間の罪がもたらした神と人との断絶状態に陥った。だが、それでも神を「渇き」(ヨハネ19・28)求め、「罪深い肉」(ローマ8・3)の姿のまま、悪の絶対的な暗闇を、唯一の答えとなる神自身に向かって開いた。ついにイエスは、「わたしの霊を御手に委ねます」(ルカ23・46)と呼びかけて、自己だけを頼みにするという最後の壁を打ち破り、生涯の課題を「成し遂げた」(ヨハネ19・30)のである。

イエスは受難というかたちで、人間が思いつくなかでもおよそ最低の状態にまで身を落としたにもかかわらず、「罪を犯さないで、あらゆる点において、わたしたちと同様に試練に遭って」（ヘブライ4・15）、「へりくだって、死に至るまで……従順でした」（フィリピ2・8）。イエスは、自分を神の意志に一致させるという狭き門を通った。そして神もまた、自らを渡すイエスと一致した。このように、受難をとおして神ご自身が自らを、神に心を閉ざしたこの世へと導き入れた。つまり、神は「独り子を与えるほどに、世を愛して」（ヨハネ3・16）、イエスを介してあらゆる否定性と苦しみを自分のなかへと迎え入れるとともに、それを全き肯定、自分を与える愛の場へと変容させた。愛という「神の力、神の知恵」（一コリント1・24）は「弱さの中でこそ十分に発揮される」（二コリント12・9）のである。

13　仕える人がいのちを勝ち取る

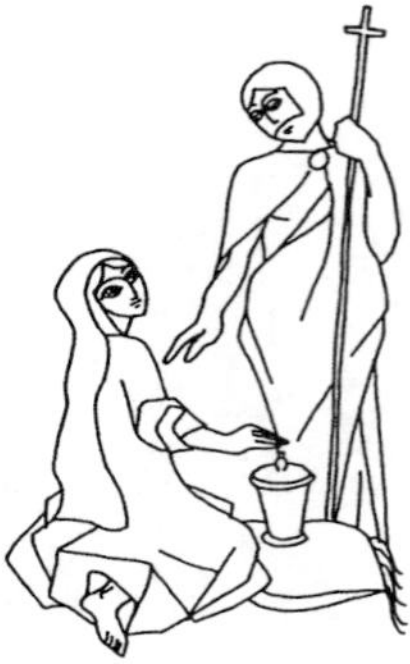

運命が黒い雲のように人生を覆い、つらい体験をするとき、人間は出口のない挫折感に陥りがちである。しかしそのとき、嘆きながらでも、自ずと湧き出る欲から手を放し導きを信頼して、この苦境を意義ある課題として肯定するなら、その人は深い平安で満たされ、自分を支えてくれる何ものかが近くにあることを感じるであろう。あるいは、外からの強制によらずに利己心を捨て、ただそれが善いという理由だけで、それ自体正しくて善いことに積極的に取り組むなら、いわく言いがたい解放感と静かな幸福を味わうであろう。それは、あたかも死の軛《くびき》が取り去られ、新たに生まれかわり、いのちそのものに入るかのような経験である。そのとき、自分を忘れるという意味での自己超越こそ、人生を完成するための土

台であると予感するかもしれない。こうした体験は貴重なものであるが、しかしより大切なのは、こうしたいのちへの移行を一時的な体験に終わらせず、人生全体において実現可能かどうかを問うことである。この問いに対する答えは、人生を方向づけるにあたり決定的な役割を果たすからである。

人生の苦労をすべて「十字架の死に至るまで従順」（フィリピ2・8）に引き受け、「罪と何の関わりもない」のに「わたしたちのために罪と」（二コリント5・21）されることさえ拒まなかったのが、イエスその人である。イエスは、神のみ旨に適うようにと、「多く――つまりすべて――の人のために」（マルコ14・24）そうした運命に進んで同意し、その運命を生きることを決断した。それゆえ、自分の人生を完成しうるかどうかという問題は、イエスのうちに典型的に現れている。この問題は、より具体的には、次のように言い表すことができる。すなわち、人生を無意味にする罪といのちを滅ぼす死は克服されうるのか、また、自分を滅却するほどまでに神と人に仕える人は、時間によって制約されざるをえないこの世を超えた次元で、完全で不滅ないのちに至りうるのか。

イエスの死後まもなく弟子たちは、イエスがいのちの完成を勝ち得たと表明した。イエスが「生きており」、神によって「よみがえらされ」、そのことにより彼の生涯と使命が承認された、と述べ伝えた。そしてイエスが「上げられ」「栄光を与えられ」「主」とされ、「神の子」として現され、「神の右に座し」、つまり神と一致し神と対等に歴史を導くのだ、と。イエスがすべての人の「初穂」として「死者の中から復活した」（一コリント15・20）ことで、罪と死が解消され、人類が神との和解に至ったという信仰を、初代教会はすでに最古の種々の信仰宣言、聖歌の歌詞、説教でうたっている。

この新しい信仰は、何にもとづいて突然湧き起こったのか。その起源は、福音書に報告されたイエスの死直後の様子からうかがうことができよう。逮捕のときにイエスを捨てて逃げた弟子たちが目撃したのは、イエスが偽の救い主として断罪され、その出来事に神も沈黙しイエスを死から救わなかった、という顛末《てんまつ》であった。そこで弟子たちの信仰は根底からぐらつき、彼らは「ユダヤ人を恐れて」（ヨハネ20・19）家に閉じこもったり、途方にくれて故郷に逃げ帰り、以前の仕事に戻ろうとさえした。イエスへの信頼と希望は挫折に変わっていたのである。にもかかわらず、数週間後には、同じ弟子たちが同じエルサレムで、自分のいのちの危険も顧みず、イエスへの信仰を確信と喜びをもって告げている。しかも彼らは、イエスが教えていたたとえ話や隣人愛などの倫理的勧告をただ繰り返すのではなく、イエス自身がしたよりもはるかに明確に、イエスがすべての人の救い主であると主張したのである。「ほかのだれによっても、救いは得られません」（使徒言行録4・12）。

こうした経緯によれば、この力強い信仰とその新しい内容――その基礎はイエスの宣教にあったとしても――は、イエスの死後に起こったなんらかの出来事に由来すると思われる。弟子たちはそれぞれ、内容は異ならないものの、さまざまな表現で、イエスが生き彼らと共にいること、またイエスが「天と地の一切の権能を授かった」（マタイ28・18）ことの証明となる諸々の出来事について語った。福音書では、イエスの死後の出現は、あたかもその生涯に付随する出来事のように物語られ（マルコ）、弟子たちの理解の目覚め（ルカ）、復活信仰の中心（ヨハネ）、教会の課題（マタイ）が浮き彫りにされている。復活への信仰自体は共通しており、実のところイエスの生涯、つまり福音を執筆する原動力となっていた。パウロはイエスの出現とそれを経験した証人のリストをあげている（一コリント15・5～8参照)。

出現したイエスは、かつて自分に従っていた弟子の一人ひとりを探しにいき、彼を敬慕していたマグダラのマリアを悲嘆の淵から引き上げ、ひとたび死が訪れれば、もはや希望はないと真剣に受け止めていたトマスを信仰へと導き、イエスを否んだペトロのうちに愛の火を新たに燃え立たせ、十二使徒にイエス自身が担っていた課題を委ねた。だがイエスが出現した際、弟子たちはイエスを五感だけで認識したわけではなく、また、単なる漠然とした恵みを心のなかで経験したわけでもなかった。むしろ弟子たちは、イエスに呼びかけられて、その現れのうちに彼との人格的な関わりを体験し、ゆるし、平安、喜びを得たのである。彼らは把握しがたい仕方で現存するイエス自身、つまり、数日前まで日々共に生活していたまさにその人に「手で触れる」(一ヨハネ1・1)とともに、神的存在の輝きに照らされ、そのいのちに与《あずか》るように招かれた。そして、こうした一連の出来事に遭遇するなかで、イエスを信じる力を得たのである。

受難の日まで共に過ごしていたイエスと復活した主が同一人物である、と弟子たちは確信した。この確信にもとづいて、受難において時かれた「一粒」(ヨハネ12・24）の種が、復活において芽生えたこと、つまり死と復活が実質的につながっているという洞察が生まれた。イエスは、受難を「わが父」なる神から与えられるものとして受け入れたとき、それに反発することなく屈辱と苦しみに身を任せた。そうすることで、あらゆる自己中心性から清められ、自分をただみ旨を受け入れる場へと変容させていただき、神の意志と一体化することができた。それゆえ、苦しんでいるイエスにはいかなる否定性も消極性も入り込まず、イエスの魂は無傷のまま、神の愛との合一に至った。従順によるこうした神との一致は、復活においてイエスの身体と魂を生かし、その全存在において開花した。このような意味で、復活のいのちは、謙遜な子イエスに与えられた父なる神の答えであるとともに、十字架の苦悩から始まったイエスの「高揚」の完成でもある。十字架へと上げられ、自分を献げものにしたイエスは、その愛に貫かれた心のまま神へと「地上から上げられ」、「すべての人を自分のもとへ引き寄せようとする」（ヨハネ12・32）のである。

復活とは、以前のいのちへ戻ることではない。それは、ご自身を与える神を死と罪に耐えることで自分の存在の真ん中へと迎え入れ、神によって、また、神のうちに生きる人間イエスの完成である。イエスという一人の人間のうちで「死は勝利にのみ込まれて」（一コリント15・54）、世界を超越する神と世界内に生きる人間は分かちがたく結合するのである。聖なる規範と有限な現実が一致し、神の善が人間イエスという存在となる。つまり、復活において、イエスに結びついた人に、イエスの告げた神の国が愛の力をもって臨在するとともに、いのちの泉への門が開かれたのである。

14　真理の霊に導かれる

大切なものは目立たないので、日常生活はその土台に気づかれないまま流れている。それは、空気が息となり、水がいのちを養い、火が技術の原点であるにもかかわらず、常に身の回りにあるがゆえに、その重要性を見出しがたいのと同じである。精神の活動においても、このことはあてはまる。真理が理性を照らさなければ何事も認識されえず、善が意志を引き寄せなければ、希求も自由も生じない。それにもかかわらず、日常生活のなかで、真理や善に目が留められることはほとんどない。

とはいえ、真理と善そのものによって精神が現実に開かれていても、それだけで自らの最も積極的な可能性までもが活性化されるわけではない。というのも、真と善があたかも抽象的な理念のように意識の背後で作用しているだけでは、人間は「善をなそうという意志はありますが、それを実行できない」（ローマ7・18）からである。ここには、人間存在の基本的な二面性、すなわち、精神をもつがゆえに限りない善を求める側面と、自らの力の限界ゆえに善を実行することも獲得することもできないという側面が、並存している。人間存在は偉大さと無力の合致として現れる。

人生を押し進めるのがこの二つの側面だけであれば、人間存在は不条理であり、挫折に終わらざるをえないであろう。しかし、人が実際に希望を抱き、いのちを愛することを見れば、相対立するこれらの側面を統合し、その矛盾を克服するもう一つの契機が、人生あるいは世界全体のなかで働いていると推測できよう。この契機は、地味で目立たない仕方ではあるが、根源的な力によって、有限的な存在をその本質を損なうことなく限界から解放し、完成し、無限な完全性に与《あずか》らせようとする。ところで、有限的なものを無限ないし神に向けて高める力があるとするなら、それは無限な存在たる神から直接発せられるとともに、その無限な力を自らのうちにもっているはずである。聖書では、この力は「神の霊」

「聖霊」と呼ばれ、息吹や風、水や火という、自然のなかで最も純粋と思われ、形のないものにたとえられている。この力はなるほど、具体的な物のように形態をなしているわけではないが、洞察力と経験を積めば、心のうちに現れ出るであろう。

不安や分裂が平安に転じ、悲しみとすさみの雲が喜びの晴天へと解消され、心を氷のように頑《かたく》なにしている消極性が愛の日ざしで溶解するとき、人間は限りのない充満をかすかにでも味わい、抽象的思考によってではなく霊的実感のうちで、奥深い善さに触れる。こうして、「霊の結ぶ実は愛であり、喜び、平和」(ガラテヤ5・22)である。このような経験のうちで、善は人間をその存在の中心で満たしつつ、自己中心的な我欲を溶解するのであり、そのとき人間は、自分の根源が、自らの有限性にではなく、全き肯定たる超越的な力の内的現存のうちにあることがわかる。そこでこの力が働くとき、人は自発的にすべてを肯定できるようになり、利己心が克服され「寛容、親切、善意、誠実、柔和、節制」(ガラテヤ5・22~23)が生まれる。しかもこのとき、人生のはらむ苦悩や葛藤は、単なる表面的な感情で覆い隠されるわけではなく、根底から癒やされ、神と人間の対立が和解される。また、こうした喜びや平安のうちで、人間の自由な主体性が麻痺させられることもない。むしろ人間の自由意志そのものが、人間に先立つ力によって清められ、執着から解き放たれ、善きもののほうへ向かうよう力づけられる。

人間は、主観的な傾向によって動かされるかぎり、常に偏り、明晰に理解することができず、心は分裂し、他者との対立に陥りがちである。それに対して「真理の霊」（ヨハネ16・13）の明瞭な光に照らされるとき、人間は真理を軸に内的統一を得るとともに、互いに他者と相互の一致を追求し、「敵を愛し、自分を迫害する者のために祈る」（マタイ5・44）ようになる。

このような「聖霊による交わり」（二コリント13・13）が成立するならば、人は自分が不利益をこうむっても「友（となった敵）のために自分の命を捨てる」（ヨハネ15・13）ことさえ惜しまず、他者のために「苦しむことを喜びとする」（コロサイ1・24）。善に向かうための助けとしてこのような犠牲を選ぶならば、否定は肯定へと転換するであろう。そのとき、人間は自分を捧げることで、より密接に善たる神に属そうとし、こうした自己超越のうちに自己発展の道を見出すのである。なぜなら、喜びのうちにある時と同じように苦しみの只中にあっても、み旨との合致を知り善を行うならば、善さそのものに結ばれうる――聖書で言えば神の子となる――ことを、幸福の芽生えとして予感できるからである。「神の霊によって導かれる者は皆、神の子なのです」（ローマ8・14）。

あらゆる純粋な平安と喜びは善たる根源的な神秘を顕現するので、霊によるこうした導きは神との交わりへと人を招き、交わりが行われていることを立証する。祈りのうちに「わたしたちは霊によって『アッバ、父よ』と呼ぶのです」（ローマ8・15）。

人間どうしを平和のうちにつなぎ合わせる霊の役割は、人間を神のうちに根拠づけるという、霊のより根源的な働きに由来する。この二つの次元の一致、つまり隣人愛と神への愛は、異なった者どうしを統合する神の霊の特徴である。この二つの次元において霊の働きに従う人は、自分の本来的な在り方に制限がないことを発見し、またそれを実現できるようになる。「主の霊のおられるところに自由があります」（二コリント3・17）。新しい存在を授け、いのちをもたらすと、聖書で言われる霊の創造的な働きは、「神にかたどって造られた新しい人」（エフェソ4・24）の創造においてその頂点に至るのである。

この「新しい人」の原型を、イエスの弟子たちはイエスのうちに見た。生涯にわたり霊のとらえがたい働きを目に見えるものとしてはっきりと現すことにより、本来あるべき人間の原型を人々に示したのがイエスなのだということが、イエスを知った弟子たちの確信だったのである。イエスをとおして彼らは、関わりと自立、すなわち、自分を与える愛と真理に生きる自由とが、同じ霊の働きにもとづき、本来的に一致することを悟ったからである。「神がお遣わしになった方は、神のことばを話される。神が〝霊〟を限りなくお与えになるからである」（ヨハネ3・34）。

洗礼を受け「神の霊が……ご自分の上に降《くだ》って来た」（マタイ3・16）経験をした時から、「〝霊〟に導かれて」（マタイ4・1）活動し、さらに「〝霊〟によって、ご自身をきずのないものとして神に献げた」（ヘブライ9・14）受難まで、イエスは、「主の霊がわたしの上におられる」（ルカ4・18）ことを自覚し、自分の活動を批判する人を「聖霊を冒瀆する」（マルコ3・29）者とさえ呼んだ。イエスの人間としての存在全体が一貫して霊による神の業《わざ》であることは、最初は「霊があなたに降《くだ》る」と告げられた母マリアだけにひそかに知らされていたが、イエスが「聖なる霊によれば、死者の中からの復活によって力ある神の子」（ローマ1・4）であることは、受難と復活によって最後に公にされた。人間イエスが聖霊の完全な表現である一方、聖霊もまた「わたし――イエス――のものを受けて、あなたがたに告げる」（ヨハネ16・14）から、「神の霊」が「キリストの霊」（ローマ8・9）と呼ばれるほどまでに、霊とイエスは一致し合うのである。

それゆえ、霊の光のもとで、イエスの生涯と教えは、曇りなく透明に神の真理を示し、「真理がイエスの内にある」（エフェソ4・21）ことが顕わになる。これを信じる人はイエスと共に「欲望もろとも十字架につけて……霊の導きに従って前進する」（ガラテヤ5・24～25）ようになるのである。

15　見えないあなたを信じる

愛は心の重力だ、とアウグスティヌスは考えた。愛は現実のあらゆる次元を貫き通し、全面的に肯定できるものに至ろうとしているからである。このような根本的に肯定し愛するもの、つまり中心となるものをめぐって、人間は自らの世界を構築し、すべての事柄をこの中心へと方向づける。それゆえ、愛こそ人間に世界を開き、すべては自らの愛するものが有する善さの光に照らされて理解されるのである。だが、何を中心に置き、何を愛するかを定めようとするとき、人間はとりあえず、親しみやすく身近なものにやすらぎを見出そうとしがちである。とはいえ、人間を充たし続けることができるのは意義ある根本的に善いものだけである。それゆえ、身近で直接に喜びをもたらすものを欲求するとき、そこにはよ

り根本的な善が作用しているはずである。そして根本的であるがゆえに、その働きはこまごまとした断片的な目的を常に突破し、より広くより充実した地平を探り、一切の限界を超える善へ人間を開こうとしている。このように、直接的な欲求の根に善そのものへ向かう動きがあるのなら、こうした二つの原動力、すなわち自分に近しく必要なものを獲得しようとする欲求あるいは憧れと、究極的で無限の善それ自体に自分を委ねようとする動きとは、本来対立し合うわけではない。それは人間を成すただ一つの希求の二つの段階、すなわち、その根源のレベルとその有限的な現れにほかならない。

人間の意志は、この両面を含むため、根源あるいは超越と有限的な目的のあいだを常に漂い、その自由は両者の緊張関係の只中にある。そこで、身近で具体的なものを求める心の憧れの焦点を究極的な目標に向けて定めようとするとき、人間は心の底では、両焦点の重なりや一致を望んでいる。つまり、超越に向けて心を開くという緊張に耐えれば無限な善たる神自身が「わたしの神」（詩編118・28）として具体的に近づいてくださる、という希望をもって生きている。こうして自分の心に真実に従おうとする人のなかに、神自身が助け手として人間の姿をとるという望みが生じる。そのとき人がイエスの福音を聞くならば、人はイエスのうちに自分の期待したものを認めることができるであろう。善なる神がイエスという人間つまりわたしたちの仲間になったと信じるこのような人にとって、身近な親しさと根源的な奥深さを同時に求める心の本来の動きは、一つの共通の中心を見出すことになる。「わたしは……わたしを愛し、わたしのために身を献げられた神の子に対する信仰によって生きています」（ガラテヤ2・20）。

創られた現に存在する世界全体が神に由来する以上、信じる人にとっては、イエスという焦点において、各人が手近なやすらぎを求め日々生活する場としての世界と、超越が根源的に働いている世界とは、基本的に一致している。この焦点を見出した人は「キリストを見たことがないのに愛し、今見なくても信じている」（一ペトロ1・8）。さらに、信じる人は自分の肯定しているものを理解し、その理解を深めながら自らの愛をより徹底しようとしている。というのは、愛の対象となるのは、一般的あるいは抽象的な理念ではなく、個々の具体的でかけがえのない個人なので、個人たるイエスをより深く理解すればするほど、愛により豊かな可能性が開かれるからである。聖書にはこの「あなたがたの中におり、あなたがたの知らない方」（ヨハネ1・26）の姿が表現豊かに暗示されている。それらのイメージは、「わたしたちの心の内に輝いて、イエス・キリストの御顔に輝く神の栄光を悟る光を」（二コリント4・6）呼び覚ます力をもっているであろう。

新約聖書の執筆者たちは、イエスの存在と人間との関係を一言で言い表そうと試みている。すべてに「まさる」（ルカ11・31〜32）この方は、その人間性において「神は我々と共におられる」（マタイ1・23）方である。イエス自身も「いつもあなたがたと共にいる」（マタイ28・20）ことを約束しており、彼自身が救いとなる神の近さそのものであることを現した。彼をとおして、神が留保なしに人間を肯定しているから、「この方においては『然り』だけが実現した」（二コリント1・19）。イエスをとおして現れたこの完全な肯定において、神はご自分の存在を人間に対しありのままに語っている。そこで、イエスは「神の言葉」（黙示録19・13）であり、「肉となった」（ヨハネ1・14）神の自己表現として、「神と等しい」（ヨハネ5・18）者となっているのである。神の力強くあわれみ深い現存は、モーセに対しては「わたしはある」（出エジプト3・14）という神の名で知らされたが、イエスはその名を忠実に体現する。「あなたたちは、人の子を〔十字架に〕上げたときに初めて、『わたしはある』ということ、また、わたしが、自分勝手には何もせず、ただ、父に教えられたとおりに話していることが分かるだろう」(ヨハネ8・28)。

人がイエスのことばを信じ、自分を彼に委ねることができるのは、キリストが単なる他者ではなく、人間の存在「よりも先にある」(ヨハネ1・30)絶対的な根源であって、人間はもともとこの根源の「声を知っている」(ヨハネ10・4)からである。それゆえキリストとの関係は、人間の側から始まるのではない。むしろ人間は、イエスによって先に知られ、見られており(ヨハネ1・47〜50参照)、そのまなざしをとおして神自身によりイエスのほうへと引き寄せられるのである(ヨハネ6・44参照)。

充満したいのちをもたらすのは、イエスの単なる業《わざ》ではなく、その存在そのものである。この意味で、イエスは「復活であり、命である」(ヨハネ11・25)。それゆえ、純粋な完全性を現すあらゆるものはイエスを告げ、イエスの姿はそれらのものの真なる原型として表現される。このようにイエスは、「世の光」であって、「すべての人を照らす」「光として世に来た」（ヨハネ8・12、1・9、12・46）と言われる。また、人間のいのちにとって根源的なものは、もともとイエスのうちに成就している。イエスは飢えを癒やす「命のパン」（ヨハネ6・35）であり、それを飲めば「決してき渇かない」（ヨハネ4・14）水の泉であり、いのちを支える日ごとの糧にもまして生きる力となる。さらに弟子たちの心を満たしているのは、イエス自身に具わる「平和」（ヨハネ14・27）と「喜び」（ヨハネ15・11）である。このようにイエスの生涯が示しているとおり、その存在は、人間の「道であり、真理であり、命であり」（ヨハネ14・6）、受難を引き受け復活を遂げたイエスの身は、神が宿り人間に出会う「神殿」（ヨハネ2・21）となっている。

イエスは、一方で人に先立つ根源でありながら、他方で人間として生きた。そこでイエスは、信じる人にとって最も大切な相手であり、彼とのつながりは人間の心のうちに最も細やかな応答を呼び起こす。羊のためにいのちをかけ生活を共にする「良い羊飼い」（ヨハネ10・11）として信頼され、「花婿」（ヨハネ3・29）として迎えられたイエスは、常に「主であり、師で」（ヨハネ13・14）ありながら弟子たちを「友」（ヨハネ15・15）と呼び、自分に具わる神のいのちをその死をとおして与えることで、彼らを「わたしの兄弟」（ヨハネ20・17）とする。

キリストとのこうした関わりは、互いに向き合うだけの関係にとどまらず、受け入れ合うことにより、互いが相手のうちに在るという最も親密な一致へと深まる。こうして信仰をもってイエスを「食べ」、その「血を飲む」者は、「いつもわたしの内におり、わたしもまたいつもその人の内にいる」（ヨハネ6・56）ことになる。この一致においてイエスは根と幹であり、人間は彼の愛に根づく枝となり、「豊かに実を結ぶ」。「わたしはぶどうの木、あなたがたはその枝である」（ヨハネ15・5）。

しかしながら比喩は、道標《みちしるべ》や手がかりにすぎない。このようなたとえが本来意味する当のものに接し信じる人が、「鏡のように主の栄光を映し出しながら、栄光から栄光へと、主と同じ姿に造りかえられる」（二コリント3・18）ときに、イメージは乗り越えられ、生きた関わりが始まるであろう。

16
深淵《しんえん》な神秘のうちに

根源的な力が、見通しがたい人生を包むが、その力は決して容易に説明されえない。人間はそれを理解しようとするよりも、むしろ、その力が神秘として不可知のまま近くにあり、自分を支えてくださることを期待する。この根源的な神秘がイエスのうちに顕わになり、自らを人々に伝えた――これこそ、信仰の内容の中心である。「あなたたちはこの方について、『我々の神だ』と言っている。あなたたちはその方を知らないが、わたしは知っている。わたしはその方のもとから来たのである」（ヨハネ8・54～55、7・29）。イエスは偉大で慈しみ深い父について話すだけではなく、病人を癒やし、罪びとを迎え入れ、安息日の軛《くびき》を取り除く。これらの活動、聖書によれば「父がなさることはなんでも、子もそのとおり

にする」（ヨハネ5・19）という活動をとおして、イエスは神のあわれみの極みを体現し、「御子《みこ》は、神の栄光の反映であり、神の本質の完全な現れである」（ヘブライ1・3）ことを身をもって示した。「わたしを見た者は、父を見たのだ」（ヨハネ14・9）。

弟子たちはその言動を見聞きし、イエスを全面的に信頼し、神との直接な関係がここにこそ開かれていると理解したが、イエスの神性そのものを明らかに信じるようになったのは、復活したイエスのさまざまな出現をとおしてであった。イエスの脇腹に手を入れたトマスは「わたしの主、わたしの神よ」（ヨハネ20・28）と信仰を表した。パウロは「キリストは、万物の上におられる、永遠にほめたたえられる神」（ローマ9・5）と賛美し、イエスを「神の身分でありながら……自分を無にして……人間と同じ者になった」（フィリピ2・6～7）方と断言した。そしてヨハネは人間イエスのうちに「父のふところにいる独り子である神」（ヨハネ1・18）、「神と共にあった」永遠の「言《ことば》」（ヨハネ1・1）を見出している。

「柔和で謙遜な」（マタイ11・29）イエスはたしかに、「わたしは天と地の一切の権能を授かって」（マタイ28・18）おり、「アブラハムが生まれる前から、『わたしはある』」（ヨハネ8・58）、「わたしと父とは一つである」（ヨハネ10・30）と述べるように、自らの神的存在としての尊厳を確信している。しかし同時に、イエスは「父」と呼ぶ神に祈り、その意志に聞き従い、彼に栄光を帰しており、自分を「父」なる神から明確に区別している。「自分が神のもとから来て、神のもとに帰ろう」（ヨハネ13・3）というかたちで、イエスは自分を「子」として神に関連づけている。

さらに、洗礼者ヨハネから洗礼を受けたとき、天から聖霊が「愛する子」イエスの上に降《くだ》って来たが、今度はイエスが最後の晩餐の席で弟子たちに、自分とも父とも異なる神の霊を送ると約束した。このようにイエスは、神的存在が「父とわたし」（ヨハネ14・23）という二人のほかに、もう一人の「方《かた》、すなわち、真理の霊」（ヨハネ16・13）に具わっていることを示唆した。「わたしが父のもとからあなたがたに遣わそうとしている……真理の霊が来るとき、その方がわたしについて証しをなさる」（ヨハネ15・26）。この聖霊は「わたし――イエス――のものを受け」（ヨハネ16・14）、しかも神に属しており、「神の深みさえも究める」（一コリント2・10）と同時に、人間を神自身のいのちに与《あずか》らせる。すなわち

「聖霊によって、神の愛がわたしたちの心に注がれている」（ローマ5・5）のである。

イエスは一方で父なる神との関係、他方で聖霊との関係という二重の関係を生きるが、このことは神の唯一の存在が父と子と聖霊という三者に不可分に具わることを示している。はやくも初代教会の時代、信仰に入る人は自分をこの深淵な神秘のうちに位置づけていただいたのである。「あなたがたは……父と子と聖霊の名によって洗礼を授け……なさい」（マタイ28・19～20）。

神のこうした三一的《さんいってき》在り方が、新約聖書で明確に理論化されているわけではない。しかしながら、信仰生活において絶えず実現される根本構造としてさまざまな箇所でこの三一的な在り方が述べられている。「父である神は……天地創造の前に……わたしたちを愛して……時が満ちるに及んで……キリストのもとに一つにまとめ……聖霊は、わたしたちが御国を受け継ぐための保証である」（エフェソ1・3～4、10、14）とあるように、救いの歴史全体の起源、過程、完成が、父・子・聖霊の働きをとおして実現するとされている。救済史の中心において「神は、その御子《みこ》を……お遣わしになり、わたしたちを神の子となさり……『父よ』と叫ぶ御子《みこ》の霊を、わたしたちの心に送ってくださった」（ガラテヤ4・4～6）。人間および教会に対しこの三者は、恵み、愛、交わりという三様のかたちで関わる。「主イエス・キリストの恵み、神の愛、聖霊の交わりが、あなたがた一同と共にあるように」（二コリント13・13）。

　神は救いの営みをとおして、ご自身をありのまま人間にくださる。それゆえ、救いの営みにおける父と子と聖霊の働きという三一的な構造によって、神自身のうちにおける父・子・聖霊という三つの自立者ないし位格の存在が顕わになっている。そして、いかにして神の一つの存在が、父から子、また子をとおして聖霊に固有なものになっているかという問題は、古代のアウグスティヌスから近代のヘーゲル（一七七〇～一八三一年）に至るまで、偉大な思想を豊かに展開させる原動力となった。

　だが、イエスは難解な思想によってではなく、より単純でより身近なかたちで、この神秘を表現している。イエスにとって「天地の主」つまりあらゆる存在の第一の根源は、その偉大な権能にもかかわらず、愛をもってイエスのいのちの起源となり、慈悲深く養い育て導いてくださる「わが父」である。それ以上さかのぼることのできないこの絶対的な起源は、隠れてはいるがその近さにおいて、イエスの思いと行いの出発点であり終局点である。それゆえ、自立した子としてのイエスの存在が示しているのは、父から子への、また子から父への関係――傾聴と信頼、従順と賛美の関係――にほかならない。「子が示そうと思う者」(マタイ11・27)にとっては、イエスの言う「わたしの父」は「あなたがたの父」(ヨハネ20・17)である。もともとイエスのうちには、神とのこうした密接な関係があり、この関係は信じる者にも開かれた。それはイエスが受難をとおして弟子たちに自分のいのちを与え、彼らを「わたしの兄弟」(ヨハネ20・17)としたことによる。

神的存在への信じる者の関わり方は、父なる神と子イエスが区別されるのに対応して、一方で慈悲深い超越である「父」との関わり、他方で世界の只中で共にいる「兄弟」イエスとの関わりという、二重の関係として成立する。「兄弟」とは聖書によれば、「長男」「友」「花婿」などの意味を含む。すなわち「兄弟」は、自分に最も近しい人を意味し、信じる者とイエスが互いを受け入れ合うだけではなく、それを超え、互いのうちに存在すると言えるほどに一致している状態を言うのである。

　信じる者が、父なる神、また、イエスとこのように関わることができるのは、「助け主」である聖霊が人間の「内」に宿り「わたしたちの霊と一緒になって」（ローマ8・16）信仰を悟らせ愛を注いでくださるからである。このように人間と神との関係は、人間のほうに視点を置くなら、垂直・横・内といういわば三次元的座標をかたちづくっている。すなわち神との関わりが現す神秘は、「上」としての絶対的超越たる父、「側《そば》」あるいは「共」にいるものとしての兄弟、「長子」（ローマ8・29）イエス、「内」に住む神の息吹たる霊、という三つの次元の関係をかたちづくり、人生を支えてくれるのである。

17 霊は体を造る

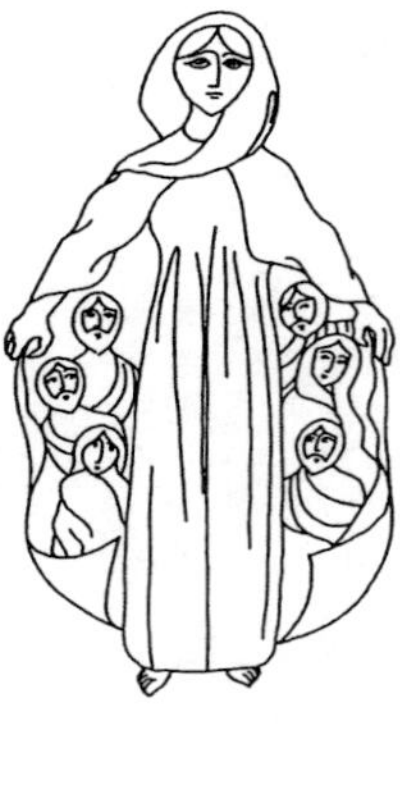

健康な体のうちに健全な精神あらん、という古代ローマのある詩人の祈りに見られるように、体と精神は区別されてはいるものの、両者が調和することにこそ人間本来の姿があると言えよう。わたしたちは自分の体をいつも意識しているが、体は決して単なる意識の現れではないし、だからといって精神と無関係な独立した機械などでもない。むしろ両者の関係は、根源的には、精神や霊が自らの体を造り上げ、体のうちに宿り、周りの世界と相互に関わり合いながら活動していることのうちに成立している。

「天の国」と福音書で呼ばれる世界が完成されるとき、その本質的実質は「霊であり、命である」（ヨハネ6・63）が、それは五感で認識できる感覚的な通常世界から遊離しているのではなく、「この満ちあふれる神性はキリストの内に肉体をもって宿っている」（コロサイ2・9参照）。イエスの存在のうちに神が到来して自分のいのちを与えた、という事実が、弟子たちの経験と信仰を形成した。「命は現れました。御父と共にあったが、わたしたちに現れたこの永遠の命を、わたしたちは見て、あなたがたに証しし、伝えるのです」（一ヨハネ1・2）。

霊といのちは単なる思考や思弁ではなく、現に存在するものである。したがって、それに与《あずか》るためには、このいのちに生かされた体に実際に根づくほかに道はないであろう。弟子たちの共同体は、イエスの復活後、神の霊によってこのイエスのいのちをはらむ体へと結び合わされた。「あなたがたはキリストの体であり、また、一人ひとりはその部分です」（一コリント12・27）。それゆえ、人々に信仰を伝えることと、この共同体に加わるように招くことは、初代教会以来、不可分的に一致していた。「わたしたちが見、また聞いたことを、あなたがたに伝えるのは、あなたがたもわたしたちとの交わりを持つようになるためです」（一ヨハネ1・3）。こうして信じる者は、神の霊によってこの共同体に導かれたことを自覚した。「一つの霊によって、わたしたちは……皆一つの体となるために洗礼を受け、皆一つの霊をのませてもらったのです」（一コリント12・13）。

体と結びつくことによって、霊は自らを体現する。だから、自己の歴史の傷をも負う具体的な体のある場所に霊も現存し、またそこで自らを示す。それと同じように、信じる者の共同体という体、つまり教会のうちにキリストは現存し、自らを世界に現そうとする。しかし、体が霊を不完全にしか顕わにすることができないように、キリストの霊の充満も教会の「しみやしわ」（エフェソ5・27）によって覆い隠されがちである。そのため教会には、「キリストの満ちあふれる豊かさになるまで成長する」（エフェソ4・13）という課題が常に課されている。それは、各人の体が誕生のときから身体としての同一性を保ちつつも、時間の推移のなかであらゆる固定化をその都度突破し、よりよく機能できるように変化しているのと同じである。霊も体をとおして世界へ働きかける一方で、周囲から触発もされ、さらには苦しみさえも拒まず自らを世界に委ねている。だが、体と結びついた霊は「うめき……産みの苦しみを味わって」（ローマ8・22、26）いるとしても、その嘆きのなかに、想像を絶するような、未来の完成を願う希望を抱いている。

体のこうした諸特徴は「肉となった」（ヨハネ1・14）みことばイエスのうちに最高のかたちで成就した。十字架に上げられたイエスの脇腹から水と血――洗礼と聖体を暗示すると考えられる――が流れ出たが、そのことのうちに、エバがアダムの脇復から生まれたように、教会がキリストのなかから生まれたことが示されていると言えよう。そこで教会は、自らの体の本来的特徴をキリストから受け継いだ。その特徴とは、世界とコミュニケーションをとり、イエスのことばを知らせると同時に、世界の呼び声と苦悩を受け止め「すべての民にとって」最終的な希望の「旗印」（イザヤ11・10）となることである。

このように霊は体をとおして自らの能力を発揮するので、霊的な糧に憧れる人間は、イエスをその肉において、またその体である教会において認めることで、霊的豊かさへの門を見出すだろう。「どの霊も信じるのではなく、神から出た霊かどうかを確かめなさい。……イエス・キリストが肉となって来られたということを公に言い表す霊は、すべて神から出たものです」（一ヨハネ4・1～2）。

体が単なる物体と異なるのは、体が人格に属しており、しかも体はその人固有の精神や性格と一体である、という点である。同様に体としての教会には、イエスが受肉によってもたらした「恵みと真理」(ヨハネ1・14)が充満している。そしてイエスは、神殿を商人から清め神だけの場にしたように、「神殿である自分の体」(ヨハネ2・21参照)を神が臨在する場とした。同じようにイエスの体である教会も、「信仰による従順」(ローマ1・5)によって清められ空《から》の場となり、自らのうちにみことばを受け入れることで神の真理に満たされ「真理の柱」(一テモテ3・15)となっている。「真理がイエスの内にあるとおりに」(エフェソ4・21)教会がイエスの教えを告げるかぎり、イエスの言うように「あなたがたに耳を傾ける者は、わたしに耳を傾ける」(ルカ10・16)ことになる。だが、透明な水晶が曇りない光に照らされたとき最も美しく輝くように、教会に注がれた神の愛という真実に照らされて、教会の魅力と力も輝くのである。というのは、神は教会のうちにみことばとともに自分の愛を実体的に宿らせ、そのことを通じて世界を「ご自分と和解させた」(コロサイ1・20)からである。このように真理と恵みをとおして神が教会において自分自身を与えるので、教会は「神の家」(一テモテ3・15)、「聖なる神殿……神の住まい」(エフェソ2・21～22)と言われ、「キリストの体であり、すべてにおいてすべてを満たしている方の満ちておられる場」（エフェソ1・23）である。

しかし「神の知恵は、今や教会によって……知らされるようになった」（エフェソ3・10）としても、イエスの直弟子たちすら「自分たちのうちだれがいちばん偉いか」（ルカ9・46）と争ったように、不完全な人間から成る教会はイエスの言う神の国の完成にはまだ至っていない。「わたしたちは、このような宝を土の器に納めています」（二コリント4・7）。そこで人間の弱さを知ったイエスは、弟子たちにただ一つの努力だけを望んだ。それは、イエスを信じ、「わたしがあなたがたを愛したように、互いに愛し合いなさい」（ヨハネ15・12）ということである。

信仰にもとづいた互いの愛さえ貫かれていれば、信じる者のうちに神の真理と恵みが働くようになる。こうして無制約的な真理と尽きない善さに触れるならば、人間どうしは各々の人格的自立を損なうことなく、完全に一致し合うことができる。つまり、教会に授けられた真理と恵みは、多様な背景と性格をもつ人々を一つにまとめる原動力となり、またそれに支えられて、信じる者は共にいのちの泉に近づくことができるのである。こうした一致を根拠づけようとして、イエスは最後の晩餐で、「ぶどうの木」（ヨハネ15・5）である自分に弟子たちを枝として植えつけ、彼らを自分の存在で養った。教会は、この出来事の記念（ミサ）から一致を保つ力を汲み取っている。「パンは一つだから、わたしたちは大勢でも一つの体です。皆が一つのパンを分けて食べるからです」（一コリント10・17）。

18　しるしをとおして交わる

旅をしたり、人との出会いをとおして新しい経験をすると、単調な日々から解放され、新たに出発する勇気が湧き上がる。そのとき、自分だけの思いにこだわって萎縮していた意識は、予想だにしなかった出来事によって、あたかもくすぶっていた火が燃え上がるかのように感じられるであろう。というのは、そのとき人は「他」なるものを発見し、生き生きした現実に触れ、あるいは逆に現実そのものが自分にしみ入ると感じ、そして現実をこのように受容する過程で、ものを認識し、知り、喜び、愛する力を汲み、現実と交流するようになるからである。そこで、人はまず多様な経験をし、より広い世界を拓こうとする。

しかし、経験によって人が充足するのは、体験した出来事の多さやその大きさによるわけではない。それはむしろ、たとえば音楽や詩、真実な相互理解や心静かな祈りに見られるような、中身の濃さによる。具体的に体験されている場面は、曇りのない心のうちでその意義に対して透明となる。見聞きした現実から、人は根本的なものをそれとはなく感じるのであるが、そのとき現実は、奥深い根源の現存と働きかけの「しるし」となるのである。最も深いところからこの事態を見れば、次のように言うことができよう。すなわち、経験的にはそのまま直接に把握することのできない根源的な一なる何かが訪れ、自らを概念以前のかたちで現し、その純粋な完全性——偉大さ、美しさ、真理の光、善の尊さ——を分かち与えることで、その人に信頼と自発的な肯定を呼び起こしているのだ、と。

なるほど各人各様の経験があるから、それに応じて根源との出会いは異なる。しかし出来事をありのままに意識するならば、経験の内容は多様であっても、唯一納得できるような、言い表しがたい「第一のもの」こそ諸経験の共通の起源である、と人は感知することができるであろう。というのは、深い経験は内容がさまざまであっても、つまるところ人々の視野を拡大するのであり、しかもそれは決して人生を迷わす断片ではなく、一つの隠れた焦点をめぐって人間を中心化・

浄化・活性化するからである。

基本的には、どのような状況でも純粋な経験のきっかけとなりうるので、まっすぐな心にとっては、いかなる事物も出来事も、第一の根源から始まる関わりの媒介であり、その現れの担い手たりうる。「神を愛する者たち、つまり、御計画に従って召された者たちには、万事が益となるように共に働く」（ローマ8・28）。聖書によれば、すべてのもの――微笑《ほほえ》んでいる幼児の顔から空の星まで――には声があり、根源的な言《ことば》にもとづいてできたものであって（ヨハネ1・3参照）、その美しさなどの完全性によって神を語り出している（詩編19・2～5参照）。またイエスは、鳥にも与えられる食物、親の寛大さ、日ざしと雨のありがたさなどといった日常的な出来事や、あるいは塔の崩壊（ルカ13・4参照）というようなめったに起こらない出来事のうちに、しるし、すなわち神のまなざしやその意志の表現を見出し、必ずよいほうへと導くこの意志に心を合わせる努力を生活の根本方針にした。

しかしながら、こうした自然によるしるしは、物事や出来事が自然の因果関係にもとづいて生じているように思われるため、その意味を一つに確定することが難しく、あいまいさを免れない。それゆえ、超越との関係をただ自然によるしるしだけの上に打ち立てる試みは、困難に陥る。人生の最終的な方向づけは、より明確でより確かなしるしを必要とする。

感覚的でありながら、隠された意味内容を直接に理性に提供し、心に植えつける、よりはっきりしたしるしは、ことばである。ことばは本来、客観的情報の伝達道具だけではなく、語り手から聞き手への生き生きとした関わりであって、語るという人間的、人格的な行為であるという点に、その意義が認められる。誉れと戒め、祝福と呪い、約束と拒否、励ましと見下しは、単に意味内容を伝える表現にとどまるものではない。それらは、ことばが実際に相手に向かって語りかけられ、聞かれ、受け入れられてはじめて、ことばの意味が力を発揮する行為だからである。人々は互いに、このようなコミュニケーション行為をすることができるし、また相手のことばから、自分だけではどれほど努力しても得られない力づけを汲み取ることができる。謝罪する相手をゆるし、敵と和解し、失望した仲間を慰め、心細い人を勇気づける――そのとき語られることばは、創造的な力をもち、聞き手のうちに新しい現実を造り、語り手と聞き手のあいだに新たな関係を築くのである。

だが、最終的な幸いと平安を追い求めようとするとき、他者のどのようなことばも十分な基盤にはなりえない。そのとき人は超越それ自体の語りかけを期待している。すなわち人間は、世界のうちにあるさまざまな事物からも他人のことばからも得ることのできない無限のゆるしの約束にもとづき、神に人生を立て直していただくことで、自分の人生を意義ある正しいものとして認めてほしいと思う。そして心のさらに奥深いところで、この世界のなかで達せられたいかなる完全性をも凌駕《りょうが》する神自身と一致するいのちに憧れている。このような、魂の癒し（義化）と、自らを超越に結びつける愛（聖化）に対する、二つのレベルにわたるが根本的には一つである希求が、神のあわれみ深い語りかけによって今や成就された、ということこそ「神の国」が示さんとする中心であり、信じる者にとってはイエスこそ、その生涯にわたり神の国の成就を身をもって示したしるしなのである。「神の子イエス・キリストは、『然り』と同時に『否』となったような方ではありません。この方においては『然り』だけが実現したのです。神の約束は、ことごとくこの方において『然り』となったからです」（二コリント1・19～20）。

神の人間に対する「然り」は、イエスにおいて究極的なかたちで成就された。そして、イエスがそこに共におり、イエスの「体」である教会をとおして、神の「然り」は世界のなかで現存し続ける。「神は、キリストをとおしてわたしたちをご自分と和解させ、また、……和解のことばをわたしたちに委ねられた」（二コリント5・18〜19）。このように「キリストの使者の務めを果たしている」（二コリント5・20）教会は、世界と神との和解のしるしであり、教会にはその和解を一人ひとりに対して実現するという使命が授けられた。

和解とそのしるしのかたちは、人生および信仰生活の諸々の段階や転換期に応じて多様である。しかしながら、その基本となる諸形態は、イエスから弟子たちに示されており、またイエス自身の生涯がその効果を裏づけている。イエスの弟子となる洗礼（マタイ28・19）、霊の導きをいただく堅信（使徒言行録8・14〜17）、イエスに養われ彼と一致する聖餐（一コリント11・23〜25）、イエスの受難による神のゆるし（ヨハネ20・23、マタイ18・18）などのいわゆる教会の秘跡は、単なる形式ではない。それらは、超越が、慈悲深い父として人に関わってくださることを示し、また、この関わりを実現するしるしである。それは、人生の完成を根拠づけて約束してくださる神の力と権能に充ちた語りかけであり、語りによる行い、言語行為にほかならない。

　人間どうしの関係は、たとえば挨拶といった相手のふるまいを、心からの好意から出るしるしとして受け入れ、そのことばを信じることから始まる。世界内での人間関係でさえそうであるなら、ましてや体や形体をもたず世界を超える超越としての神との関わり合いは、ことばとしるしから始まる。身にしるしをつけてもらい、ことばを進んで受け入れるとき、実際に関わってくださる神への信仰は決定的なものとなる。そのとき人間は、ただ超越のみが触れうる自分の存在の中心で、清められ生かされ、新たに生まれる。「御子《みこ》の姿に似たものに」（ローマ8・29）、あるいは「造り主の姿に倣う新しい人」（コロサイ3・10）へと造りかえられる。信頼のうちに神からのこのような働きかけを迎え入れることができるなら、人間存在は神的ないのちの泉となり（ヨハネ4・14参照）、イエスが体現したように、尽きることのない希望と愛に満ちあふれた関わり、自己を超え神と人に向かう関わりへと発展するであろう。

19　心のつながりを願う

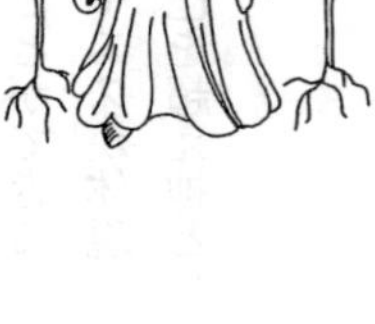

生まれたばかりの赤ちゃんの泣き声も、臨終を間近にした人のうめき声も、他者に対する呼びかけであり助けを求める生命の意志の表現である。同じように、テレビなどの画面を注視する人のうちにも、顔を見合わせて微笑み合うような関わりを他者に求める人間の性質が現れている。他方、静寂のうちにあるとき人は、自分が人生という道をただ一人で歩むのだと実感し、自分の存在を認めてくれて、心をあずけることのできる何ものか、つまりより根本的な相手を探し求めるようになる。さらには、自分に与えられた時間と能力は委ねられた借り物で、その実りを根本的な他者に返さねばならないという責任感が生まれることもある。充実した出来事に感謝するときにも、「誰か」の力が自分の人生を導き、その方が生

き甲斐と幸福の源として関わってくださることが実感できよう。さまざまな経験の根底を貫くこの根源的な他者との関係を、人間の主体性にふさわしい直接な関わりへと高める努力は、祈りであろう。

祈りは、どの民族にもどの時代にもあり、特定の宗教を信奉しない人にも見られる行為であるから、人間にとってごく自然な行いだと言えるであろう。心を限りなく開くこの行為において人は、「神」と呼ばれる善さに満ちた無限で無制約な第一のものに呼びかけ、神自身と関わりたいと期待する。そこで祈る人は、精神を尽くして、有限性を超えた一なるものにつながることを願う。この無限なものに対して、人間は自分が派生的で二次的なものだと知るので、超越とこのような関係に入ろうとするとき人は自ずと謙遜になり、無限な存在を、自分の把握能力を超える方として敬うようになる。

不安が入り込む余地などないまま、祈りは神に近づこうとするが、このようなことが可能なのは、人間が神に近づこうとするより前に、神がまず人間へと関わり、人間のうちに信頼と自由な答えを呼び起こしているからなのである。すなわち、懐疑的で否定的な態度よりも信頼のほうが、人生の謎を解き、諸状況に潜む豊かな可能性を汲み尽くすのであり、それゆえ信頼こそ現実そのものに適うことは明らかである。だが、この信頼が呼び覚まされるためには、まず第一の根源が人間を知り、その幸福をはかることが必要である。祈りは、このような人間から神への関与に先立つ、神から人間への関わりをよりどころとしており、人はそのよりどころを信頼して神を「あなた」と呼ぶ勇気を出す。そこにはいかなる自己本位なものも含まれていない。それどころか神の超越を畏敬しながら、親近感に満ちた対話がなされるのである。

神は具体的なかたちある対象としては現れない。そこで、祈りをとおした神への接触は、いわば暗中模索であり、祈りは、神の絶対的沈黙に向かって答えを請う叫び声たらざるをえないように感じられるかもしれない。しかし、神は完全な存在だから人間を相手にし、その願いを聞き入れることができるはずである。「耳を植えた方に聞こえないとでもいうのか」(詩編94・9)。そして祈る努力を続けるならば、次第に孤独感が消え、心は広やかになり、平和と自由を味わうであろう。そのとき、ここに慈しみ深い方が共にいるのだと、祈る人は感知することができる。「主を尋ね求めよ、見出しうるときに。呼び求めよ、近くにいますうちに」（イザヤ55・6）。このようにすでに旧約によれば、真なる神の特徴は、その超越性や偉大な力にあるというよりも、お願いできるほど身近である、という点にある。「いつ呼び求めても、近くにおられる我々の神、主のような神を持つ大いなる国民がどこにあるだろうか」（申命記4・7）。

福音書によれば、イエスは、毎日新たに祈りから出発し、み旨を実現したが、祈りについてのイエスの教えもまたまぎれもなく、彼自身の経験にもとづいていた。イエスの教える祈りは、隠れた神に向かう人間の地味で粘り強い努力のうちに成り立つ。「隠れたところにおられるあなたの父に」（マタイ6・6）、「気を落とさずに絶えず祈らなければならないこと」（ルカ18・1）が勧められると同時に、「だれでも、求める者は受け、探す者は見つけ、門をたたく者には開かれる」（ルカ11・10）ことが約束されてもいる。

イエス自身の祈りは、さまざまなかたちでなされた。安息日に会堂で一緒に詩編を唱え、最後の晩餐では神に荘厳に感謝し、また、心動かす瞬間には、「聖霊によって喜びにあふれ、『天地の主である父よ、あなたをほめたたえます』」（ルカ10・21）と、祈りは迸《ほとばし》るのであった。日常生活では、イエスは「朝早くまだ暗いうちに」（マルコ1・35）あるいは夜「祈るためにひとり山に登った」（マタイ14・23）が、重大な決断に際して「ただひとり」（同）、「神に祈って夜を明かされた」（ルカ6・12）。イエスは人々と関わる活動から身をひき、静かな時と場を選んで、自分の中心に立ち戻ることをとおして、その存在の源であり主である「父」に対面して、「父のふところにいる」（ヨハネ1・18）ことを求めた。いくつかのたとえ話で暗示されているように、そうした祈りにあっても、必ずしも常に父を親しく感じるわけではなく、「取り合おうとせず」（ルカ18・4）答えてもくれない厳しい裁判官の拒絶にさらされるような経験もしたことであろう。それでもイエスは祈りにおいて、神の真理や声に耳を傾け、その思いを探るとともに、助けを願いつつ、神から自らが負うべき課題を受け取り、かつそれを実行する力を得た。

神が「父」であるというイエスにとって中心的な教えも、神との最も個人的な交わりから生じたのであり（マルコ14・36参照）、弟子たちを諭すときにも「父」ということばは、祈りが主題となる場合にこそ、本来の意味を発揮したにちがいない。「あなたがたは悪い者でありながらも、自分の子どもには良い物を与えることを知っている。まして」（ルカ11・13）すべての完全性を自らのうちに包含する「天の父は求める者」の願いに応えて、最も善いものを、いや、自分自身まで も「与えてくださる」（同参照）はずだと、イエスは厳かに語る。

信頼して祈るイエスは、神と一つの心になり、父からの関わりを受け入れるという受容性をとおして、自分を「子」として新たにしていただくことができた。この祈る術《すべ》をイエスは弟子たちに残し、植えつけようとした。かくてパウロは初代教会とともに、祈りの困難とその豊かさを述べている。「どう祈るべきかを知らない」弱い「わたしたちは」（ローマ8・26）、イエスの心を導いた「神の子とする霊」に助けられて、イエスと同じように「この霊によって『アッバ、父よ』と呼ぶのです」（ローマ8・15）。

20 信頼する決断を貫く

人間の主体性と尊厳は、自らの責任と努力によって自分自身の人生を形成できること、いや、形成せざるをえないことにあると言えよう。だが、同時に人間は、見通しがたい世界と歴史の只中に置かれて、絶えず自らの知識と力の限界を痛感し挫折に直面する。このような状態にあっても人生の意義を信じ自由な主体性を生きぬくためには、生じる出来事のすべてになんらかの意義が潜み、自分が選択したわけではないにもかかわらず、この意義を自分が実現できると信じるほかにないであろう。定かではなくとも根源的であるこの信じる心にもとづくなら、現実を肯定的に受け入れることができるであろうし、また危機に直面しても、ゆるがずにそれを乗り越える力が湧いてくるであろう。

現実を意義あるものと諾《うべな》うこの信仰は、ある基盤の上に成立している。その基盤とは、人間一人ひとりを知り、大切にしてくださる絶対的な存在が働いている、という確信である。人が祈るのも、祈りの成就を希望するというかたちで、神の存在と善さに信を置いているのである。「神に近づく者は、神が存在しておられること、また、神はご自分を求める者たちに報いてくださる方であることを、信じていなければなりません」（ヘブライ11・6）。

もっとも、神を信じる態度はたしかに人生に安定を与えるであろうが、信仰を土台に生きようという決意は、価値観の転倒も辞さないような根本決断である。というのは、神の存在と働きを信じるとは、自分の思いを超えたより高位の根源的な原理を承認し、み旨に聞き従う覚悟を決めることだからである。このような決断を実行する人は、見知らぬ未来に身を委ね、自分の傾向性や好みを常に相対化し、信頼をもって自らをより大いなる神に関連させることになる。そこで、「心を新たにして自分を変えていただき、何が神の御心《みこころ》であるか、何が善いことで、神に喜ばれ、また完全なことであるかをわきまえる」（ローマ12・2）という冒険が始まる。

さらに、信仰の決断のうちに真なる自由と人生の最高の意義づけが実現され、純粋な幸福とのつながりを得ることができる。というのも、このような根本決断において閉鎖的な自我から脱出するとき、人間存在は真理に貫かれ善の場となるからである。それゆえ、旧約における救いの歴史は信仰ゆえにふるさとを後にするアブラハムから始まり、新約における人間の完成は神のことばを受け入れたマリアの信仰から始まる。「アブラムは主を信じた。主はそれを彼の義と認められた」(創世記15・6)。マリアに関してもその信仰が讃えられる。「主がおっしゃったことは必ず実現すると信じた方は、なんと幸いでしょう」(ルカ1・45)。

神を信じ頼るとき、心は神の前で無防備となり、生涯にわたる神の働きかけを進んで受け入れながら、「人の知識をはるかに超えるその愛を知るようになり、そしてついには、神の満ちあふれる豊かさのすべてに与《あずか》り、それによって満たされる」(エフェソ3・19)。広く開かれた、神を信じる道の途上で、その都度どの方向へ進むべきかを識別するためには、向こうからの具体的な導きが不可欠である。しかもそれが理解力ある自由な人間に授けられる以上、導きは人間の理解能力に訴えるとともに、自由な努力を引き起こす、「ことば」というかたちで伝えられなければならない。「神は、かつて預言者たちによって、多くのかたちで、……語られたが、この終わりの時代には、御子《みこ》によってわたしたちに語られました」（ヘブライ1・1～2）。語りかけに応じて人間は聴くもの、言い換えれば、ことばを信じ、理解しようとし、答えるものとなる。神の呼びかけは、「言《ことば》が肉となった」（ヨハネ1・14）イエスのうちでその頂点に至る。と同時に、人間イエスにおいてこの呼びかけに対する完全な答えがなされた。それゆえ、信じる者は「信仰の創始者また完成者であるイエスを見つめ」（ヘブライ12・2）、イエスのことばを信仰の中核とする。「信仰は聞くことにより、しかも、キリストの言葉を聞くことによって始まる」（ローマ10・17）。神への信仰の核心を、あの「見るべき面影はなく……好ましい容姿もない」（イザヤ53・2）イエスにしぼるのは、一見すると不条理と思われるかもしれない。だが、信仰の理解が芽生えるにつれて「神の秘められた計画であるキリスト……の内に知恵と知識の宝はすべて隠れている」（コロサイ2・2～3参照）ことはいよいよ明白になろう。

焦点をキリストに当てることによって、信じる人はこの世へと降《くだ》った神の愛に対面し、その光のもとで自分と世界を新たに考察する。「神は、その独り子をお与えになったほどに、世を愛された」（ヨハネ３・16）。こうして、世を超越する神への信仰は、キリストとともに再び世界のなかに立ち戻り、この信仰をとおして人は人生の現実と苦悩を真剣に考え、その結果、キリストのように「自分を無にして」（フィリピ２・７）、他者に奉仕できるようになる。「キリスト・イエスに結ばれていれば……愛の実践を伴う信仰こそ大切です」（ガラテヤ５・６）。

信仰はたしかに不可分な一なる決断であり、しかも信仰の源であり対象でもある神の奥深さに応じて絶えず深まるとともに、その理解は個人的にも歴史的にも発展していく。そうすると、信仰の内容を確定する教義も、信じる対象というよりも、むしろキリストと父なる神を仰ぎ見るための眺望を開く窓であり、あるいは歩むべき道を照らす街灯にたとえることができよう。トマス・アクィナスの言うように、信仰は諸命題というかたちで提示される当の事柄そのもの、つまり、神自身に関わるのである。そうだからこそ、信仰はその力を直接神自身から汲み取り、キリストにならって常に成長することができる。「わたしたちは皆、神の子に対する信仰と知識において……成熟した人間になり……キリストに向かって成長していきます」（エフェソ４・13〜15）。

聖書を読み、イエスの生涯を黙想し静かに祈る心、それにもとづいて日々の課題に立ち向かおうとする努力をするならば、信仰はますます発展するであろう。しかし人間は信仰においても有限であり、自分の努力だけでは信仰をもちえないのだが、無限な神に結びつくように召されている。それゆえ、信仰が可能となるには、人間の力だけではなく、人間を神の偉大さと見えない愛に対応させようとする神自身の働きが不可欠なのである。そこで神は、「すべての人々が救われて真理を知るようになることを望んで」（一テモテ2・4）いる一方、一人ひとりを選び「前もって知っておられた者たちを、御子《みこ》の姿に似たものにしようとあらかじめ定められました」（ローマ8・29）。

信じる努力に先立つ恵みの力は、人間をその最も根源的な中心からキリストに向かって生かす、神の霊に由来する。「聖霊によらなければ、だれも『イエスは主である』とは言えない」（一コリント12・3）。「神の深みさえも究める」（一コリント2・10）聖霊の促しをとおしてはじめて、信じる者のうちにイエスに見られる父なる神とのつながりが開かれる。そのことにより、キリストが単なる思考の対象にとどまらず、「わたしの内に生きておられる」（ガラテヤ2・20）ことがわかる。その実感に動かされてパウロは言う。「生きているのは、もはやわたしではありません。……わたしが今、肉において生きているのは、わたしを愛し、わたしのために身を献げられた神の子に対する信仰によるものです」(ガラテヤ2・20)。

21　希望で将来を拓《ひら》く

朝目覚めて、今日起こるであろう喜ばしい出来事を思い浮かべると、日々求められる努力に希望が光のように降り注ぎ、課題に取り組む勇気を与えてくれる。このように希望をもって未来を見ることができるとき、人は自分の置かれた現状と生活を肯定的に受け入れることができる。

期待できる事柄が見当たらない場合、意識は徐々に鈍くなり、あまりにも空しい現実を拒否し、生きる関心さえも失せていく。そこで、この危機に対抗して人生をあえて楽観的に解釈する試みがなされよう。この試みが成功するか否かは、人が実際にさまざまな困難にあったときの態度にかかっている。つまり、苦しみと悲しみ、病気と対立、乏しさと不正、悪と死などに直面したとき、苦悩と挫折をただ表面的に覆い隠してしまうのか、それとも究極的な希望をもって人生を肯定することに至るのか、という選択にかかっている。

真の希望は、根拠なき楽観主義でもなく、将来への予想や打算でもなく、また単なる主観的な望みでもない。そうではなくて、希望が最も純粋なかたちで生じるのは、出口が見えない困窮した状態のなかからである。つまり希望とは、困難からの解放を願って、力強く期待することである。聖書では年老いたアブラハムが「希望するすべもなかったときに、なおも希望を抱いて」(ローマ4・18)自分に息子が生まれると信じたし、ヨブもまた身体的・精神的な苦しみのなかで神に希望をかけながら叫んだ。「わたしは知っている。わたしを贖う方は生きておられ……この皮膚が損なわれようとも、この身をもってわたしは神を仰ぎ見るであろう」(ヨブ19・25~26)。なるほど、彼らの置かれた具体的な状況を一見するだけなら、こうした希望は非現実的と思われよう。しかし、希望するとき人は、現実がこの世界のうちで完結した事実のみを意味するわけではなく、見えない可能性を含んでおり、さらに事実を意義あるものとする根源的な力によって支配されている、ということを信じている。

人生が有意義で肯定に値するという確信は、現実全体を整える神の創造的な計らいを信じることを前提とする。そしてこの前提を裏書きするのは、世界内で生じている目に見える事柄だけしか認めない態度よりも、見えない可能性を信頼し希望する態度のほうが、現実への積極的な関与を可能にする、という事実である。神の計らいを信じる人は、現実に潜んでいる意義と可能性を汲み取り、より深くより生産的に、そして最終的により現実的に、人生と世界を受け入れることができるのである。

しかしながら日々の生活では、新しいことへと開かれたこの希望が打ち破られ、努力をしても空しいと感じることもあるであろう。「太陽の下、新しいものは何ひとつない……どれも空しく、風を追うようなことであった」（コヘレトの言葉1・9、2・11）。そればかりか、確実に迫り来る死という地平のうちに閉じ込められ、「死の陰の地に住む者」（マタイ4・16）は、「死の恐怖のために一生涯、奴隷の状態に」（ヘブライ2・15）ある。しかも、世界内のあらゆる出来事が盲目的な自然の因果法則に従って生じているとするなら、自然法則がもたらす機械的で必然的な連関のいったいどこに、かけがえのない個人を意義あるものとして生かそうとする神の愛や自由意志が入り込む余地があるのであろうか。

こうした虚無に抗《あらが》って、希望が成立するためには、世界をどのように理解するかについて、根本的な転換が要求される。では、いかなる転換が求められるのであろうか。それは、世界内のあらゆる出来事のもとには、意義と愛を実現する自由な絶対的存在が働いていること、すなわちイエスの言う「憐《あわ》れみ深い父」（ルカ6・36参照）が根底で世界を支配していることを認め信じることである。

だがそれにしても、根源的存在が認識・自由意志・愛を具えた誰かであると、なぜ人は信じるのであろうか。答えを三つあげてみよう。第一に、個々人が自己意識をもち尊厳を有しているので、個人を単なる物理的因果性の産物としてだけ理解することはできない、という点をあげることができよう。というのも、有限である人間に、普遍的真理を認識しうる理性と、善そのものを目指す意志とが具わる理由は、無制約的で超越的な存在からの呼びかけをおいてほかにはなく、しかも呼びかけそのものは、呼びかけるほうの認識と自由意志に由来するからである。第二に、人生の途上で起きるさまざまな出来事が、人間の人格的発展を養う力を含むからである。生じる出来事を贈り物や課題として受け入れるとき、それらは人生の完成を約束するようなしるしとして、人生を導いてくださる第一の根源を指し示しており、この根源的な方は自由意志でもってそれらを与えている。第三に、対人関係において、誠実と尊敬、責任と信頼、愛と忠実のように、心に究極的な賛成を促す経験があるとき、それを与える人も受ける人も自分がいかなる留保もなしに肯定され、限界なしに認められていることがわかるからである。そして有限的な人間に対するこのような無限な賛同は、人間を存在させ完成させる源たる絶対的存在の配慮、つまり慈悲深い神の存在を基盤とするのである。「良い贈り物、完全な賜物はみな、上から、光の源である御父から来るのです」（ヤコブ１・17）。

聖書が語る創造はすでに――特にそれがイエスとともに「父は今もなお働いておられる」（ヨハネ５・17）、つまり創造の業《わざ》が今も続いているという意味で理解されると――人間と世界全体の完成の可能性を基礎づけている。そしてまた、旧約の歴史物語は、ノア、アブラハム、モーセと結ばれる契約から始まって神の導きに対する信頼を呼び起こし、預言者は救い主の到来への待望を燃え上がらせている。それゆえ旧約聖書全体は希望の書と呼ばれよう。どんな窮地に陥ったとしても希望をもつように勧められており、アハズ王のように、敵に包囲されて希望を捨てる人は、「神に……もどかしい思いをさせる」（イザヤ7・13）とされている。

イエスは、救い主を与えるという神の約束が、自分自身のうちで成就したと悟っていた。それゆえイエス自身は、「神の国は近づいた」（マルコ1・15）という、間近でしかも最終的な救いへの希望に動かされている。イエスによれば、神は罪びとをも愛し、神から離れた人々を、親が離反した息子を探し求めるように探しに行くから、どのような人でも希望をもつことができる。というのも、信仰の中心的な内容は神の愛であり、人間を無制限に受け入れるこの神の愛こそ、ゆるがない希望を支える根幹だからである。「希望はわたしたちを欺くことがありません。わたしたちに与えられた聖霊によって、神の愛がわたしたちの心に注がれているからです」（ローマ5・5）。

したがって、希望が単なる人間の憧れなどではなく、み旨の善なることを信じ、それに心を開く努力であり、その点で希望は信仰と愛に並び立っている。「あなたがたが信仰によって働き、愛のために労苦し、……希望をもって忍耐している」

（一テサロニケ1・3）。また、より根源的には、希望は神を讃え敬う奉仕でもあろう。希望する人は神を友人のように信頼し、世界内の可能性をはるかに超える神の力と限りない慈しみに、自らの将来を委ねるからである。しかし希望は、人間の努力に先立ち、心に授けられる恵みである。「希望の源である神が、信仰によって得られるあらゆる喜びと平和とであなたがたを満たし、聖霊の力によって希望に満ちあふれさせてくださるように」(ローマ15・13)。

人間が願いと希望を抱くようになるきっかけは、大抵の場合、人間側の苦難にあろう。しかしながら、願い希望する根拠は神の愛にあり、それゆえ神の愛が及ぶ一切は人間が希望してもよいものになる。このように希望の根拠が神にあるからこそ、真に有意義と思われるものは、それがどのようなものであれ、自分のためにも他人のためにも希望することができるのである。最終的に、希望は自ずから、神における世界の完成と永遠のいのちを期待している。「わたしたちは、義の宿る新しい天と新しい地とを、神の約束に従って待ち望んでいる」(二ペトロ3・13)。この大胆な希望は、キリストのうちに顕わになった神の無制限な寛大さをよりどころとしている。「わたしたちすべてのために、その御子《みこ》をさえ惜しまず死に渡された方は、御子《みこ》と一緒にすべてのものをわたしたちに賜らないはずがありましょうか」(ローマ8・32)。現状を忍耐し、そのなかで謙遜に願い続けるなら、この力強い希望は消えない喜びを養ってくれるであろう。「希望をもって喜び、苦難を耐え忍び、たゆまず祈りなさい」(ローマ12・12)。

22　愛のうちにいのちがある

充実したいのちへの憧れは、人間の思いを方向づけ、意志を動かし、あらゆる探求を促す根本的な原動力であろう。何ものかへの憧憬は、人間の心から切り離しがたいが、心をどのようなものに向けるかは各人の選択に任されており、憧れの対象に応じて関わり方は本質的に異なり、また一様でもなく、段階的に価値づけられる。しかし人々が、自分の善いと思うものを希求することからわかるように、根本的に憧れは善さそのものを目指している。なるほど人は、自分の欲求を充足させようと何かを望んでも、そのもとには善さ自体への希求があるのだが、だからといって善さそれ自体が、欲求との相関関係に陥っているわけではない。善はそれ自体で有意義で貴重なので、それを目指す意志は単なる欲望である

ことを越え出て、愛へと変わっていくからである。

人間のさまざまな欲求は、善に向かうこのような愛へと結実し、その頂点に至る。これは善を善のために肯定する自己超越的行為であり、このうちで人間は純粋な幸福を味わう。すなわち、愛はこのように愛する者の自己実現でありながら、全面的に他者に対して開かれ、他者を志向し、そして相手にただ善いものだけを望む。そのとき愛する者は、相手の存在そのものを喜びをもって承認し、自分の愛する相手を発展させ完成に導くあらゆる善きもの、根本的には善さそのものを、自分が愛する者に付与しようとする。愛する者が自己の全存在を賭して相手を根本的に肯定しようとするならば、そのとき、相手は第二の自分となる。いやそれどころか、人は相手の存在を自分の存在以上に肯定する。それゆえ愛する者は、自分が愛する者に自分自身を捧げたいと願い、自分の全存在をあげて自分が愛する者のために尽くそうとするのである。

自分の利益を忘れるほど自分が愛する者に心を尽くすとき、愛する者は空しさを感じないばかりか、いのちの充満を経験する。その人は、喜びをもって、変わることなく愛により深く徹し、またそうあり続けようとする。なぜなら、善さ自体が人間に触れるのは愛においてであり、愛はその輝きと引力で愛する者の存在を目覚めさせ、統一させると同時に、不安や限界から解放し、その人に希望と勇気を授けるからである。このように愛が、愛するという行為を介して愛する者の全能力を開花させ、ただ善のみを目指そう、あるいは自らも善自体に属そうと思う望みを呼び起こさせるのであれば、人は愛によって善そのものを経験的に知ることができ、本来の自己へ達することができる。「愛する者は皆、神から生まれ、神を知っている……神は愛だからです」(一ヨハネ4・7～8)。

それにしても、弱い人間にこのような純粋な愛し方が実際にできるであろうか。実は、人々に向けられる誠実な愛のうちには——それは親子、夫婦、友人どうしの愛であろうが、あるいは苦しむ人に対する奉仕の愛であろうが——純粋な愛が萌芽のように現れている。たしかに大抵の場合、愛される対象の具体的な現れや近さに応じて、愛を引き起こす火花は、愛される人から愛する人へと散るであろう。しかし実は、根本的に愛は、相手の——現にある、または期待される——善さをとおして、善そのもののなかから生じる。相手が善いから、言い換えれば、善さ自体が相手のうちになんらかの仕方で現存しているがゆえに、愛は生じるからである。とすれば、人を愛することができるのは、善そのものへの根源的な愛が人間に本性的に具わっているからであろう。善そのものが実際に存在しなければ、愛の対象は善いものでもないし、憧れを引き起こすこともできないはずである。したがって、自らに本質的に具わるこの根源的な愛において、人間はそれとは知らないまま、善そのものである神を愛し、その愛から、他者のみならず自分自身をも愛することのできる意義と力を汲み取っている。この本質的な愛が、あらゆる愛の底流で原動力となっている。それゆえ「いかなるものも各自の仕方でもって自然本性的に、自分自身を愛する以上に神を愛するのである」（トマス・アクィナス『神学大全』I、60、5、1）。

神に対するこの隠れた根源的な愛は、炭火が表面を覆う灰のもとに赤く静かに燃えているように、人間存在の中心で、表面に現れることばや表象に先立って、かすかに輝いている。認識能力が生じるのも、このような心の根底からなのである。理性は、問いかけ、疑い、判断するという認識の努力の過程で、真理そのものへの愛に突き動かされて第一根源を知ろうとする。同様に意志もまた、常に完全な善を求めて心の根幹から迸《ほとばし》っている。

しかし愛は潜在的な憧れでは満足しない。愛は自分の愛する相手に向き合おうとし、明確な認識と決断する意志にもとづいて、その憧れを具体的な行為に転換しようとしている。つまり人間は、生存競争のなかでは利己心に支配されがちであっても、心の根底では神に限りなく尽くし、愛において神に属したいのである。この愛は人間存在に触れる神の善さによって引き起こされているので、人間がどれほど立派な決心をしたり、あるいは能動的な努力をするとしても、そのような努力や決心に先立ち、神へと開かれた受容的な憧れとして存在している。この憧れは神をいのちの充満や平安の源として望んでいる。「神よ、あなたはわたしの神。わたしはあなたを捜し求め、わたしの魂はあなたを渇き求めます」（詩編63・2）。

こうした隠れてはいるが本質的な愛が、決断による具体的な行為へと発展するには、直接的な神認識を伝える媒介が必要であり、この媒介として、信仰のことばは愛の動きを導くのである。神はあらゆる愛に値するので、神への愛を言い表す際に用いられる神を示す比喩は、自分たちの周囲にある、なじみ深い好ましいものからとられる。そこで、聖書では、神は人間のいのち、力、光とうたわれ、あるいは友人として知られ、花婿として慕われる。「あなたはわたしを、『わが夫』と呼ぶ」（ホセア2・18）。同じ愛に駆り立てられて、イエスは尊敬をこめて神を「アッバ、父よ」（マルコ14・36）と呼び、子として進んで小さくなって、父の近さに「渇く」（ヨハネ19・28）心を神に返した。

心は、神への愛のうちで純粋な善に結ばれるので、最高の喜びを覚える。そのとき、より強く根底にあるのは、神を把握しようという気持ちよりも、自分を神に把握していただきたいという望みである。「神を愛する人がいれば、その人は神に知られているのです」（一コリント8・3）。そこで、心はただ一つのものだけに向かい、交わりを求める。イエスはこのような態度を、イエスの足元でひたすらにその話に耳を傾けたマリアに認めた。それに反し、イエスをもてなすために忙しく立ち働くその姉妹のマルタに対しては、雑多な忙しさのあまり唯一の大切なものを忘れないようにと戒めている。「マルタ、マルタ、あなたは多くのことに思い悩み、心を乱している。しかし、必要なことはただ一つだけである」（ルカ10・41〜42）。

世から退き、イエスは朝・夜の沈黙に包まれて、ただ神だけとの対話に沈潜する時間を大事にした。「神への愛をおろそかにし」（ルカ11・42）、「愛が冷える」（マタイ24・12）危険に陥ることを警戒し、神をあおぐ観想をとおして常に自らの愛を深めようとしたからであろう。「心の清い人々は、幸いである、その人たちは神を見る」（マタイ5・8）。こうした観想と祈りからイエスは「心を尽くし、精神を尽くし、力を尽くし、思いを尽くして神を愛し、また、隣人を自分のように愛する」力を汲み、その経験にもとづいて、愛のうちに「命が得られる」（ルカ10・27～28参照）ことを知ったのである。

23　自分と同じように

共存という在り方は、人間にとって不可欠で本来的である。しかも共存は生活上での必要や社会的交流の範囲内だけで本来的なのではなく、人格としての人間存在の中心にまで至っている。なぜなら、自己意識は他者に承認されることで自己の存在を確信しようとし、また心も他者に理解され信頼されることに憧れているからである。さらに心のなかで何かを考えるときでさえも、問いと答え、反論と主張が繰り広げられるようなかたちで、他者と対話するような関係が前提とされている。このように、意識が根底で他者と関係を結ぶことを望んでいるからこそ、心は傷つきやすく、他者と関わろうとするとき、親近感と距離感、期待と不安が入りまじるのである。だが、この板挟みを飛び越え、他者に自分を開くこと

ができた瞬間に、愛せる相手を見つけたという喜びでその人の中心から相手を肯定する純粋な力が迸《ほとばし》ってくる。そのとき、この肯定は相手に向けられるとともに、愛する人自身をも癒やし、閉じこもった状態から自分を解放し、心を生かすのである。

愛は、相手の人柄に惹《ひ》きつけられるといった、どちらかというと受動的な態度というよりも、むしろその人の隠れた善さを創造的に発見し、相手のためになろうとする積極的な動きである。そのような動きのなかで人は、相手を、自立した自由な個人、また自分自身と同じ品位をもった存在として承認する。すなわち、愛するとき、理性の普遍的なまなざしのもとで自己中心的な欲求が破れるとともに、意志は理性によって示された相手の尊厳に賛同し、この真理にもとづいて他者を自らの焦点や目的として選ぶことができるのである。それゆえ、人に対する愛は真理の実現にほかならないが、真理が理性と意志の協働する人間の中心において実現されるかぎり、愛は心そのものの自由な決断である。

心のなかで人間は、常に自分自身の存在を肯定し遂行するので、人を愛するときも、相手を自分と同じように愛し、「あなたは存在してよい」と肯定する。こうして他者を愛するとき、その人を第二の自分とし、根源的な自己肯定のなかへと迎え入れて、そこで自分が「人にしてもらいたいと思うことは何でも、人にして」（マタイ7・12）あげたくなる。人間は、自己肯定という仕方で自分のために善いものを欲するのと同じように、他人を愛するときには、その人にとって善いものを望む。もちろん、善や幸福に与《あずか》るとはいっても、それにはさまざまな段階――いのちと健康、自由と権利、人間関係と教養、心の平安と神とのつながり――があろうが、愛する者は相手を肯定する度合いに応じて、それら善きものを相手に獲得させようとする。このような努力がなされるとき、愛する者は自分の存在さえをも惜しまず、自己を相手に捧げようとする。「友のために自分の命を捨てること、これ以上に大きな愛はない」（ヨハネ15・13）。

ところで、どの人をこのような「友」とするかは、たしかに本人の自由な選択によるが、愛が「だれかに善きものを望む」（トマス・アクィナス）ことであり、人格的存在としての人間と、善そのものに対する肯定とを基盤としているかぎり、愛は本質的には、相手が自分にとって特別な存在だ、ということに条件づけられてはいない。つまり誰かを愛するとき、その愛は実はその人だけに限られているわけではないのである。それゆえ、愛は一人を肯定するとき、根本的には、どんな人に対しても自らを開いているのであり、ある特定な相手をすべての人との関係のうちで肯定しているのである。

精神的存在として人間は、無限な愛を受けるに値し、限界なしに愛されうる。だが、実際には、他者に振り向けられる具体的な努力は常に不十分であり、愛に関してはいつも人に「借りがある」（ローマ13・8）。というのは、愛そのものは純粋な善さの遂行であるが、そのような純粋な善さは、本来善さ自体である方だけにしか具わっていないからである。そのため、愛する心は狭い自分を開いて、神に相手のための助けと恵みを求める。

また人は、自分のことを「愛がなければ……騒がしいどら……無に等しい……何の益もない」（一コリント13・1～3）ものに過ぎないと十分理解しているつもりであっても、自分の心が他者に対して無関心であり、自己利益にとらわれ、愛の優しさと力強さ、その真実性と根源性を欠いていることを痛感してもいる。そこで、そのような状態にあっても愛を信じる人は、神に愛する力を願うとともに、わずかながら芽生えてきた愛を自分の寛大さに由来するものだなどと少しも思わずに、愛の芽生えを神に謙遜に感謝するようになる。「愛は神から出るもので、愛する者は皆、神から生まれ、神を知っている」（一ヨハネ4・7）からである。

「神は愛である」（一ヨハネ4・8）という教えは、イエスの告げた神理解と倫理をつなぐ核心である。イエスは洗礼を受けたときに、「あなたはわたしの愛する子」（ルカ3・22）という声を聞き、神が愛に満ちた方であり、その愛を制限なしに自分に向けて、自分を子にしてくださることを悟った。そしてこの経験から、相手を「自分のように愛する」（ルカ10・27）という徹底的な愛こそが神自身の在り方なのだ、と理解した。しかも、神はイエスをとおしてこの愛のうちに人間に近づき、「追いはぎに襲われた人の隣人になった」（ルカ10・36）。それゆえ、「隣人を自分のように愛しなさい」という「最も重要な……第二」（マタイ22・38〜39）の掟は、イエスの姿をとおして根本的に、神自身の愛し方を反映しているのであり、イエスの愛に与《あずか》ることで、神自身の愛を他者に実現することを命じているのである。

人が、神のように愛することによって「天の父の子となる」（マタイ5・45）

ように招かれているが、この課題を実現するための唯一の道は、神の愛のうちに生きることによって他者を愛することである。なぜなら、このようなすべての人に及ぶ神の愛をもって愛することで、はじめて人間は自分の限界を乗り越え、自分ではなく他者に重点を置くことができるようになるからである。実際、「聖霊によって、神の愛がわたしたちの心に注がれている」（ローマ5・5）。

このように自分が神に喜ばれ、神の「隣人」とされていることを信じかつ経験することによって、人は、自分自身をこの愛の道に賭ける勇気を得るのである。「神が……わたしたちを愛されたのですから、わたしたちも互いに愛し合うべきです」（一ヨハネ4・11）。この愛を基盤にすれば、人間関係はもはや「あなたがわたしにしたように」ではなく、つまり他人の善悪に縛られることなく、「神がわたしにしたように」という原則に従って行われることになろう。

だが、生きた模範を仰望《ぎょうぼう》することがなければ、人に対する「愛の広さ、長さ、高さ、深さがどれほどであるかを理解」（エフェソ3・18）し尽くすことは、人間にはできないであろう。その生きた模範がイエスである。「イエスは、わたしたちのために、命を捨ててくださいました。そのことによって、わたしたちは愛を知りました」（一ヨハネ3・16）。小さくなり「仕えるために……来た」（マルコ10・45）イエスは、神の愛を生きぬくことによって、愛の証人、その「燃える松明《たいまつ》」（創世記15・17）となった。「わたしたち自身もかつて……憎み合っていたのです。しかし……神の慈しみと、人間に対する愛とが現れた」（テトス3・3～4）。憎しみによって「二つに裂かれ」（創世記15・17）死にかかっている人間を愛の火によって再びよみがえらせることは、イエスの生涯を導く望みであった。「わたしが来たのは、地上に火を投ずるためである。その火がすでに燃えていたらと、どんなに願っていることか」（ルカ12・49）。

24　日常の只中に道を見つける

夕方、一日を振り返ると、朝には予想しなかったことがたくさんあったが、それぞれの出来事には、なんらかの課題が含まれ意義があった、ということに気づく。出来事の意義を、その都度積極的に受け入れるならば、生じた事実がもたらす圧迫から解放され、出来事の意義が核になり心がまとまるであろう。それは、生じた事実を自己形成の一契機へと高めることによって、自分の置かれた状態を消化し生かすことでもある。この積極的な転換を可能にするのは、純粋な善さの力であろう。善さ自体とのつながりは心の生命の源だからである。その意義に向かって透明になった事実上の状態は、善いものとして受け入れられた上、人間を純粋な善さへと至らせる道になる。

日常生活のなかで常になんらかの意義や新たな可能性が開かれていることは、否定しがたい事実である一方、驚嘆すべきことでもあり、さらなる解明を必要とする。というのも、ある状況に意義があるといっても、意義は事実の一部分でもなければその結果でもなく、また事実から導かれる論理的帰結でもないからである。むしろ、状況に意義を認めることができるのは、その意義が、事実的状況を自らのうちに含みながら、しかも善さそのものに向かって、創造的にその事実的状況を追い越しているからである。それゆえ、その都度の状況に意義が含まれていると理解し信じる人は、挫折することも反発することもなく、状況を受け入れる。

また、事実のうちに意義を認めるとき、この事実の是認は独り善がりな選択や思い込みなどではない。というのも人は、善さそのものに促されて意義を見出すからであり、決断する力も善さから汲み取っていることを知っているからである。すなわち、意義というものは、人間の自由意志や選択に先立って、根本的な権威と力をもって人間へと関わり、その支持を呼び起こそうとしているのである。その際、意義は、単なる客観的で一般的な価値であるにとどまらず、それを越えて個人に呼びかけ、善さそのものにもとづいた、肯定に直する唯一の可能性として、自らを明るみに出すのである。このとき、意義を成り立たせる根拠が、善さそのものと一致した根源的な意志であることが明らかとなる。このような無制約な意志のみが、善さをとおして人間を独り善がりな思いから解き放し、さらにまた課題を与えることによって、人間をこの根源的な意志へと惹《ひ》きつけることができるからである。

意義は具体的な状況をとおして呼びかけるが、そのとき自らを押しつけるわけではなく、むしろ心にそっと触れる。しかし、この静かな招きの根底には、世界内で生じるあらゆる事実にまさる力が働いている。意義が有する力にもとづいて、人間はあらゆる事実を受け入れ、事実を善いほうに向かって開き、場合によっては事実の実際の在り方までも変えることができる。逆に言えば、もし意義のない状態があるとするなら、そのような状況に正しく関わることはできないはずである。だが、このような状態はありえない。どのような事実も、根本的には、意義の支配する領域から外れることなく、善さのもとにあるのである。

それゆえ、意義をとおして人間と関わる無制約な善なる意志は、あらゆる有限的な存在を自らのもとに包含し、それを意義あるものとする神の創造的で救済的な意志にほかならない。そこで、人は自分が置かれた状況を、その隠れた意義にまで、つまりその根底にある純粋な善さにまで突きつめてみるならば、み旨に直面し、そうとは知らず、神に「顔と顔を合わせて」（出エジプト33・11）出会うようになる。なぜなら、相手の顔やまなざしをとおして、その意志と心は伝わるものだからである。それゆえ、パウロによれば、意義あることと神のみ旨とは同じであり、それを可能なかぎり理解しようとする努力は、人間の「理性的（なすべき）礼拝です。あなたがたは……心を新たにして自分を変えていただき、何が神の御心《みこころ》であるか、何が善いことで、神に喜ばれ、また完全なことであるかをわきまえるようになりなさい」（ローマ12・1～2）。

善いことを実現することは、人間本来の使命である。どんな状況においてもそれは可能であり、人間は「探し求めさえすれば、神を」すべてにおいて「見出すことができる」（使徒言行録17・27）。神の意志やそれを示す「御言葉《みことば》はあなたのごく近くにあり、あなたの……心にあるのだから、それを行うことができる」（申命記30・14）。しかし、その都度の状況下でその実現が求められている課題に立ち向かうだけではなく、そこに現前する神の意志自体に向かい、神との対話をとおした交わりに入るためには、人は祈りによって清められた心をもち、神に対する親近感をもって生きなければならないであろう。このような人にとっては、み旨は単なる命令ではなく、励ましと慰めであり、神が共にいる場へと深まっていく。「わたしをお遣わしになった方は、わたしと共にいてくださる。……わたしは、いつもこの方の御心《みこころ》に適うことを行うからである」（ヨハネ8・29）。こうしてイエスは、奴隷のように強いられてではなく、自発的に父に仕え、愛される子として、日常生活においてみ旨を果たし、この奉仕のうちに喜びを覚える。「わたしの食べ物とは、わたしをお遣わしになった方の御心を行い、その業《わざ》を成し遂げることである」（ヨハネ4・34）。

語りかけに傾聴し、自由意志でそれに賛同することによって、人間はその時々の状態に正しく対応することができる。さらには、労苦を惜しまなければ、善さたる方の働きかけによって自己をその奥底に至るまで形成していただくようになる。イエスも「御子《みこ》であるにもかかわらず、多くの苦しみによって従順を学ばれ……完全な者となられた」（ヘブライ5・8～9）。完成に向かうこの道の途上では、み旨のみがその道標《みちしるべ》となるのであって、特定の法則に従って歩むわけではない。だが後から振り返ってみると、この道行《みちゆき》は、度重なる脱出、すなわち自我の放棄と信頼にもとづく新たな出発によるもので、その目標とする地点は無私の愛と心の自由である。このようなへりくだった自己超越によって、人間は自らの自然な傾きを突破し、より直接にその「ほかに、善い者はだれもいない」（マルコ10・18）方《かた》に属し、その完全性に与《あずか》る旅人になる。「実に、神の御心《みこころ》は、あなたがたが聖なる者となることです」（一テサロニケ4・3）。

だが、神の導きのもとにあっても、人間は不安と苦悩に陥ることもあろうし、失敗の危険さえも伴うかもしれない。これはイエス自身も経験したことである。「メシアはこういう苦しみを受けて、栄光に入るはずだったのではないか」（ルカ24・26）。そこで、このような道を歩もうとするとき力となる決定的な態度を、イエスは遠回しな言い方をせずに「自分を捨て、自分の十字架を背負う」と表現する。「わたしに従いなさい」（マタイ16・24）と付け加えることによって、自分をこの信仰の道の「創始者また完成者」（ヘブライ12・2）として現した。「わたしは道で……ある」（ヨハネ14・6）。この謙遜な「主の道」（使徒言行録18・25）

こそ超越へとつながるであろう。

日常のうちに潜んでいるこの地味な道は、ある種の究極的な確信と希望に支えられている。これは、人生とは意義があり、しかも神に導かれているという確信と、意義の実現、すなわち神に聞き従うことが人間にはできるし、幸福とつながるという希望である。この確信と希望は、「愛……喜び、平和」（ガラテヤ５・22）のような経験で裏づけられる。愛に満ちた喜びのうちで、人は時間のはかなさに打ち勝ち、世界内のあらゆる存在と共に神の充満に触れることができるのであり、そのとき人は、完成の可能性が約束されていることを実感する。それゆえ、日常生活のささやかな喜びにすぎなくても、それは最終的には、「神がすべてにおいてすべてとなられる」（一コリント15・28）という見通しをはらみ、人間を神自身の幸福に与《あずか》らせる。これを目指してイエスは、「幸い」（マタイ５・３〜10）の約束で宣教を開始し、自分の喜びを弟子たちと分かち合うことで生涯を閉じた。「これらのことを話したのは、わたしの喜びがあなたがたの内にあり、あなたがたの喜びが満たされるためである」（ヨハネ15・11）。

あとがき

この改訂版の出版に際して、新たに『改訂版刊行にあたって』と『あとがき』、基本的な概念と人名の『索引』、『各章タイトルの口絵解説』を本文理解の助けとして加えた。

〈追記〉キリスト教信仰をさらに深く知りたい読者にとって、同じ著者による『クラウス・リーゼンフーバー小著作集』（全五巻、知泉書館、二〇一五年）も参考になろう。そのうち特に、第一巻『超越体験—宗教論』、第二巻『真理と神秘—聖書の黙想』、第三巻『信仰と幸い—キリスト教の本質』は、本書の著述に関するところが多い。このほか『超越に貫かれた人間』（創文社、二〇〇四年）では、包括的な宗教哲学的基礎づけが試みられている。

索　引

【あ行】

【さ行】

【た行】

【な行】

【は行】

各章タイトルの口絵解説　（　）内に聖書の出典を記す。

1　ラッパを吹く天使（黙示録11・15）
2　啓示を授かる預言者（イザヤ1・1、8・1）
3　天使が上り下りする天の階段（「ヤコブの夢」創世記28・12、ヨハネ1・51）
4　神からモーセに十戒が渡される（出エジプト20）
5　世界の創造（創世記1）
6　苦しむヨブと議論する三人の友人たち（ヨブ2・11～13）
7　イエスが人々に話しをする（マタイ5・1～2）
8　イエスがヨハネから洗礼を授けられる（マタイ3・13～17）
9　ベツレヘムでのイエスの誕生（ルカ2）
10　イエス・キリスト
11　イエスが逮捕される（マタイ26・47～56）
12　茨の冠を被せられたイエス（マタイ27・29）
13　復活したイエスがマグダラのマリアに現れる（ヨハネ20・11～18）

14 弟子たちは聖霊に満たされる（使徒言行録2・1～12）
15 羊飼いのイエス（ヨハネ10・1～18）
16 イエスと父なる神（マタイ11・27）
17 信じる人の母なる教会（ヨハネ19・26、黙示録12・17参照）
18 弟子はイエスの増やしたパンを人々に配る（ヨハネ6・1～13）
19 祈っている人間の姿
20 弟子たちの豊かな漁り（ルカ5・4～11、ヨハネ21・3～7）
21 洪水に漂うノアの箱舟に鳩が枝をくわえて戻る〈救いのシンボル〉（創世記8・11）
22 最後の晩餐のときをイエスと共にする愛弟子のヨハネ（ヨハネ13・23～25、21・20）
23 イエスは弟子ペトロの足を洗う（ヨハネ13・5～9）
24 旅人である人間（一ペトロ2・11）

〈補記〉本文中で引用した聖書の諸文書は、日本聖書協会『聖書 新共同訳』に基づく。

クラウス・リーゼンフーバー (Klaus Riesenhuber)
1938年 ドイツ、フランクフルト生まれ。
1958年 イエズス会入会。哲学、神学を学ぶ。
1967年 ミュンヘン大学卒業。哲学博士(Dr. phil.)。同年来日。
1971年 東京において司祭叙階。
1989年 上智大学、神学博士。
上智大学文学部教授、同大学中世思想研究所所長、放送大学客員教授を歴任。現在、上智大学名誉教授。

〔主な著書〕『中世における自由と超越』『中世哲学の源流』『超越に貫かれた人間ー宗教哲学の基礎づけー』(創文社)、『内なる生命ー霊的生活への導きー』(聖母の騎士社)、『西洋古代・中世哲学史』『中世思想史』(平凡社ライブラリー)、『中世における理性と霊性』『近代哲学の根本問題』『クラウス・リーゼンフーバー小著作集』全5巻(知泉書館)

〔主な編著〕『中世研究』1−11巻(創文社);12巻(知泉書簡)、『中世思想原典集成』全20巻、別巻1(平凡社)、『キリスト教史』全11巻(平凡社)

〔主な共編著〕『西田幾多郎全集』14巻−16巻(岩波書店)

知解を求める信仰 現代キリスト教入門

K.リーゼンフーバー

2016年7月16日 第1刷発行
2025年3月17日 第2刷発行

発 行 者●谷崎新一郎
発 行 所●聖母の騎士社
〒850-0012 長崎市本河内2-2-1
TEL 095-824-2080/FAX 095-823-5340
E-mail: info@seibonokishi-sha.or.jp
http://www.seibonokishi-sha.or.jp/
校正・組版●聖母の騎士社
印刷・製本●株式会社イシダ印刷

Printed in Japan

ISBN978-4-88216-370-1 C0116

聖母文庫

ハビエル・ガラルダ
ガラルダ神父の教話集
こころのティースプーン(上)

東京・雙葉学園の保護者に向けてガラルダ神父がされた講話をまとめました。心の底に沈んでいる「よいもの」をかき回して、生き方に溢れ出しましょう。価格600円(税別)

SMP・ガブリエル=著　伊達カルメル会=訳
神との親しさ①
聖性の理想

「神との親しさ」は黙想の手引きとなると同時に、完全なるキリスト教的生活を生きる道を教える本です。黙想書に最適。価格500円(税別)

ペトロ・ネメシェギ
キリスト教信仰案内講座①
愛といのち

カトリックの教えをわかりやすく説きあかした本。信仰を見つめなおし、福音をのべ伝えるために役立ちます。価格500円(税別)

小崎登明
長崎のコルベ神父

コルベ神父の長崎滞在時代を数々のエピソードで綴る聖母の騎士物語。(初版復刻版)　価格800円(税別)

レジーヌ・ペルヌー=著　門脇輝夫=訳
現代に響く声
ビンゲンのヒルデガルト
12世紀の預言者修道女

音楽、医学他多様な才能に恵まれたヒルデガルト。本書は、読者が著者と同じく彼女に惹かれ、親しみを持てるような研究に取り組むものである。価格800円(税別)